大展好書　好書大展

品嘗好書　冠群可期

大展好書　好書大展

品嘗好書　冠群可期

輕鬆學武術15

形意太極拳
分解教學88式

（附 DVD）

合肥市武術協會　主編
張薇薇　徐淑貞　編寫
　　　　張薇薇　演練

大展出版社有限公司

前　言

　　形意拳是中華民族傳統武術中的重要組成部分。它創始於明末清初，流傳至今已有300餘年的歷史，與八卦掌、太極拳並稱爲「內家拳」。

　　形意拳經歷代武術家的辛勤研練，其拳法與理論不斷得到充實和完善，形成世人矚目的優秀拳種。它風格獨特，技理兼備，追求技擊與健身相融，崇尚拳理與哲理統一，蘊周易之要義，涵醫道之精髓。形意拳外形上模擬雞、虎、龍、蛇、猴、鷹、熊、馬、燕、鷂、鮐、鼉十二種飛禽走獸之形，拳法上則以劈、崩、鑽、炮、橫爲基本技法，還包括徒手對練、器械對練，雙兵、軟兵，養生技擊功法等。

　　這套形意太極拳以形意拳爲基礎，柔和太極八卦之韻。它具有神形兼備、剛柔相濟、動靜相兼、內外兼修等特點，同時也突出了形意拳步法靈活多變、動作嚴密緊湊、勁力充實穩健的特點。

　　這套形意太極拳既具有一定的攻防技擊作用，又有強身健體功能以及藝術欣賞價值。限於水準，書中有疏漏之處，尚望武術同道和廣大讀者不吝指教，以便使這套拳法更加完善。

此書由張薇薇演練。「形意要找太極勁，太極要找形意力」，形意太極拳融形意、太極、八卦為一體，其創新套路中，明勁、暗勁、化勁皆備體現。

張薇薇隨父親張品元、母親徐淑貞多年演練心意拳、形意拳、太極拳，深得真諦。同時，此書的出版還得到了上海同門師叔高峰、葛茂康、陳汝慶等前輩的協助。在此深表感謝！

作者簡介

張薇薇，女，漢族，1957年出生於武術世家。自幼隨父母習武，少年時代曾多次參加武術表演、比賽。在20世紀70年代專攻太極、心意、形意等內家拳。1996年在安徽省太極拳、劍比賽中獲42式太極拳、42式太極劍兩項冠軍。2001年在海南舉辦的首屆世界太極拳大賽中獲24式太極拳一等獎、孫氏太極拳二等獎。1999年被合肥市人民政府授予群眾體育先進個人稱號。自1998年起連續在安徽省太極拳、劍及木蘭拳系列比賽中擔任裁判。2002年在江西廬山、2007年在江蘇太倉、2008年在浙江樂清全國木蘭拳比賽中擔任裁判。2006～2011年擔任合肥市武術段位評審。2006～2011年連續數年在香港國際武術比賽中擔任裁判。2007年被評爲武術七段。2011年當選爲合肥市新一屆武術協會主席。

張薇薇家學淵源，外公徐文忠是上海著名武術家，20世紀50年代曾擔任上海第一任武術教研組組長，1958年受聘擔任安徽省第一任武術隊教練。徐文忠武藝精湛，早年拜師學翻子拳。新中國成立前與上海心意拳名家盧嵩高、宋氏形意拳名家郝湛如義結金蘭，與當

時上海武術名流孫成周、紀金山、周凱龍、金祥寶等結爲良友。有幸結識武術宗師王子平、佟忠義等老先生，並得到他們的指教，同磋武術技藝，歷時既久，多有心得。經過長期努力練就一身好武藝，融少林、翻子、形意、心意、太極、武當、八卦於一體，踢、打、摔、拿、推、技擊無不精通，十八般武藝樣樣拿得起、放得下，技術風格突出，自成一家。晚年曾多次去日本、美國講學，爲中國武術發展作出了極大貢獻。

張薇薇的父親張品元，是其外公徐文忠的高徒，深得師傅厚愛。自幼練得一身好武藝，心意拳、形意拳更是得到徐文忠、盧嵩高以及郝湛如三位大師親授。20世紀70年代在全國第二屆傳統武術比賽中獲獎。同期在中央新聞紀錄片廠拍攝的紀錄片《奇功異彩》中展示形意菱角刀。他爲心意拳、宋氏形意拳在安徽的發展揮灑汗水，授徒無數，貢獻可謂卓越。

徐淑貞（張薇薇母親），1938年生於上海，中華武林百傑，中國武術八段，國際級武術裁判，武術高級教練。歷任中國武術協會委員，安徽省武術協會副主席、合肥市武術協會主席，現任安徽省武術協會顧問。享受國務院政府特殊津貼。

徐淑貞自幼隨父習武，武功紮實，在60餘年的武術生涯中精通長拳、翻子拳、太極拳等各類傳統拳術及

傳統器械。1958年進入安徽省武術隊，同年擔任安徽省武術隊教練兼運動員。多次帶隊參加全國各類武術大賽，均取得了優異成績，爲推動中國武術運動、提高安徽省武術技術水準作出了積極貢獻。

20世紀70年代末調到合肥武術隊，帶領合肥武術隊稱雄安徽數十年。其間培養、輸送大批優秀運動員進入省內外武術專業隊、大專院校、各級業餘體校擔任教練等工作。其中賈平、張麗、曹麗等獲得全運會武術冠軍及全國武術錦標賽冠軍。

從事裁判工作40餘年，多次參加國際、國內各類武術比賽的裁判工作，在世界武術錦標賽、亞運會、東亞運動會、全運會等賽會中擔任總裁判長、仲裁委員、裁判員等，是國內外知名的國際級武術裁判。

爲傳播推廣中國武術，曾出訪美國、日本、韓國、馬來西亞、新加坡等國家。

積極推動群眾性武術運動，利用業餘時間傳授普及太極拳、木蘭拳等項目，培養了大批學生，高尚的武性和精湛的拳藝深受習武者的讚揚。

著有長拳、24式太極拳、42式太極劍、32式太極劍、木蘭拳、木蘭劍、木蘭扇等書。

本書圖例

〔步法方位示意圖〕

◯ 表示左足著地

◖ 表示右足著地

∪ 表示左足前掌著地（虛步）

∪ 表示右足前掌著地（虛步）

∪ 表示足跟著地

○ 表示提腿懸足或勾腳尖向前踢起

▲ 表示丁步足尖著地，尖頭表示足尖方向

△ 表示收腳而不著地，尖頭表示足尖方向

↘↙ 表示擺腳、扣腳或扣腳

〔照　片〕

------▶ 表示左足或左手移動路線

──▶ 表示右足或右手移動路線

形意太極拳的特點

形意太極與其他拳不同之處是,採用定步與活步的三體式練法,既包含了形意拳的基本動作,也有太極拳的連勁,還有八卦掌的身法。怎樣練好形意拳,首先要知道這套拳的基本要領。

一、步 型

三七步:兩腳前後站立,距離爲自身兩腳半左右,兩腿半屈膝,前腳微內扣,後腳外擺45°,重心偏於後腿,前三後七勁。

二、手 型

(一)掌 型

五指自然分開,拇指外展,食指向上,虎口撐圓,中指、無名指、小指均向內呈圓形。

(二)拳 型

五指捲屈,拇指壓在食指、中指上面。

三、步 法

(一)進 步

前腳進一步，後腳隨勢跟進半步，重心仍偏於後腿（成三七步）。

(二)退 步

後腳向後撤步，前腳隨勢後撤半步，重心仍偏於後腿（成三七步）。

目　錄

預 備 式

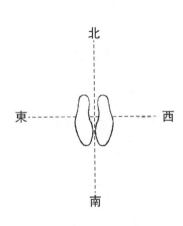

北

東 — — — 西

南

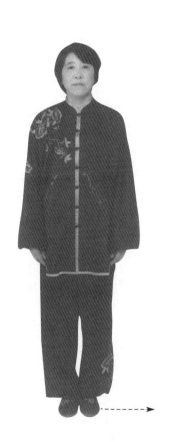

　　兩腳併攏，身體自然站立，虛領頂勁，下頜微收，含胸拔背，胸腹自然放鬆，兩掌輕貼大腿兩側，氣沉丹田，目視前方。

1. 起 勢

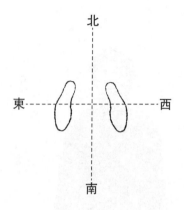

北

東 —— 西

南

①左腳向左橫邁一步，全腳掌著地，全腳踏實，
兩腳距離與肩同寬，腳尖向前，目視前方。

北

東 —— —— 西

南

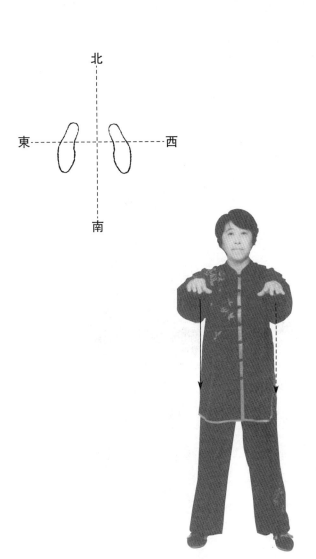

②兩臂從兩側內旋，緩緩向前平舉，兩手與肩同高，掌心向下，目視前方。

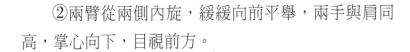

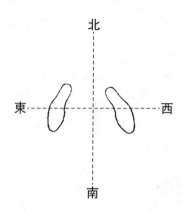

北

東 ---- 西

南

③兩肘微下屈，緩緩下落於腹前，兩臂外旋，雙掌掌心向上，目視前方。

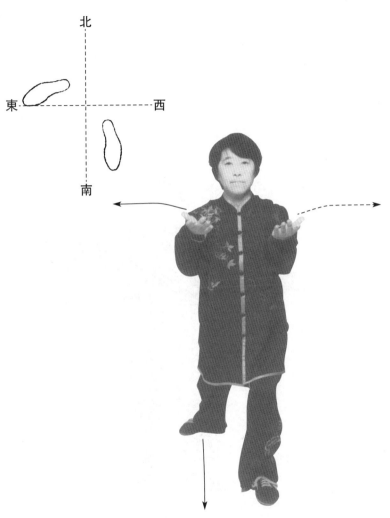

④左腳向前上步成弓步，同時雙掌掌心向上，向前插掌，與肩同高，目視前方。

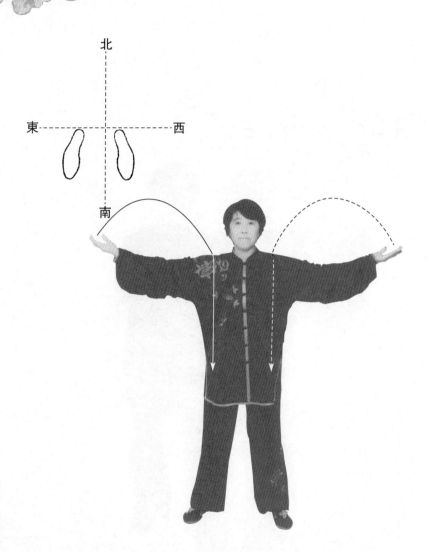

⑤右腳向前上步成開步，雙腿自然站立，同時兩
臂向左右分開，與肩同高，目視前方。

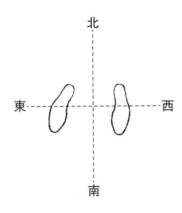

北

東 ---- 西

南

⑥雙掌同時向上向下，按掌至腹前，目視前方。

【攻防】設對方用雙掌向我胸部擊來，我屈蹲按
掌，將其按下。

2.三才勢

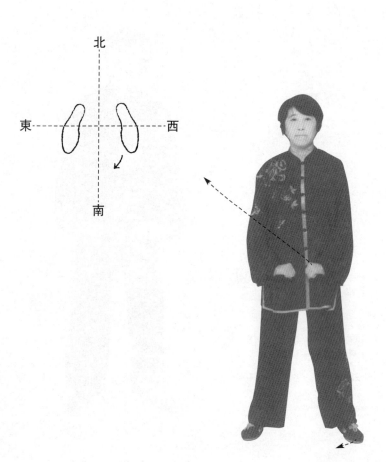

①雙手握拳，目視前方。

北

東 西

南

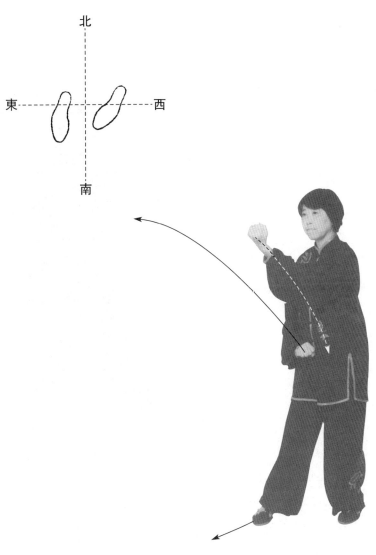

②扣左腳，體右轉 30°，左手握拳，向前上方伸
出，高與鼻尖，拳心斜向上，目視前方。

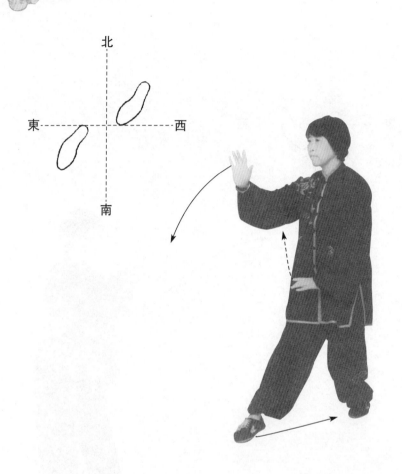

　　③右腳向右斜前方上步，同時右拳臂外旋，從左手臂上方向前劈出時內旋變掌，掌心向前，高與鼻尖，左手變掌內旋收於襠前，掌心向下，掌指向前，目視右掌。

　　【攻防】設對方以拳向我打來，我用右掌劈擊對方胸部。

3. 攬雀尾

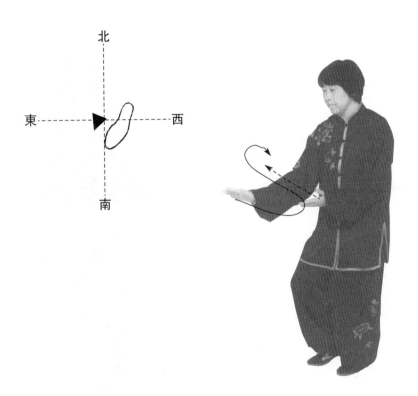

①右腳回收，虛點地面於左腳旁，身體微左轉，右手下捋，腰微左轉，左手上提附於右小臂內側，掌心向上，眼隨右手。

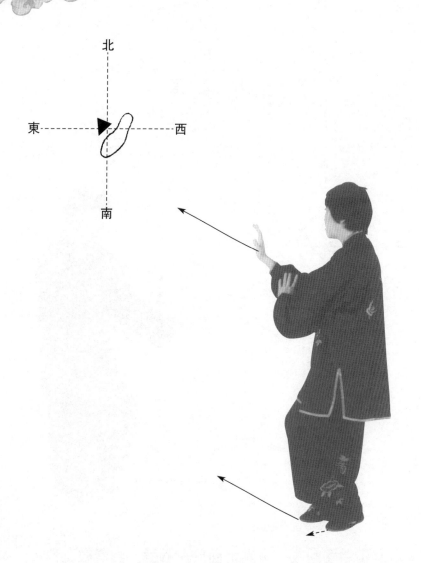

北

東 ------- ▶ 〇 ------- 西

南

②腰微右轉，右手微外旋，再內旋屈肘，掌心向
前，左手內旋附於右臂內側，目視前方。

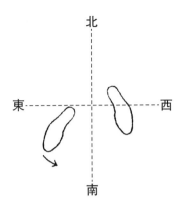

北

東 ---- 西

南

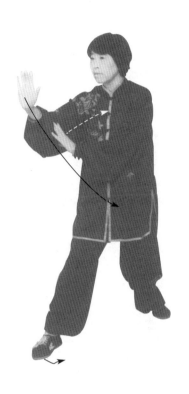

③右腳向斜前方上步，左腳跟半步成三體式，同時右手向前推出，目視前方。

【攻防】設對方用左拳擊打我胸部時，我用兩臂滾動的勁力將對方左臂封住，並向自己的右後方領帶，而後兩手一起合力將對方打出。

4. 單 鞭

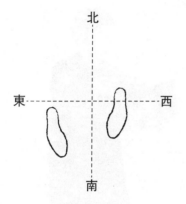

①扣右腳，右手向前畫弧至腹前，掌心向上；左手上抬與胸同高，重心在左腳，目視前方。

②抬右腳，右手上抬與左手上交叉，目視雙掌。

③右腳蓋落步至左腳前，重心前移。

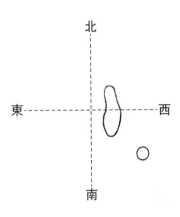

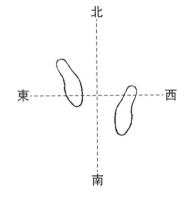

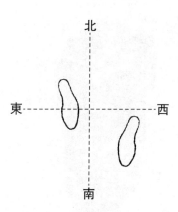

北
東 — — — — — — — — 西
南

④左手外旋，左手掌心向上，目視雙掌。

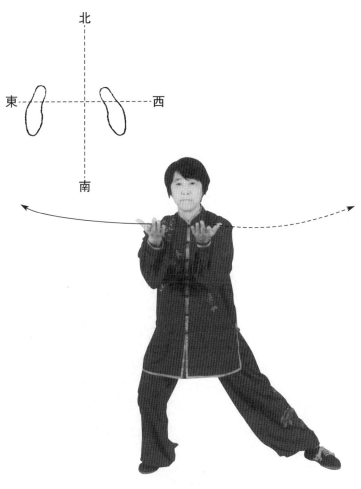

⑤左腳向左旁上一步，重心在右腳，雙手分開，目視前方。

【攻防】設對方以右拳擊打我胸部時，我用右手抓住其右手腕引捋，同時以左掌擊其腰肋部。

5. 提手上勢

北

東 —— 西

南

①兩臂內旋，重心左移成左橫檔步，雙臂向左右分開，手指向上，掌心向外，目視右掌。

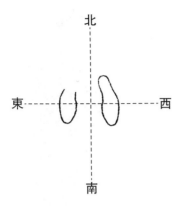

北

東 ----- ----- 西

南

②收右腳虛點地面，左手收於胸前，右手向下畫弧與左手合抱，目視前方。

【攻防】兩手封住對方，並上步撞擊對方胸部。

6.白鶴亮翅

北

東 ————————— 西

南

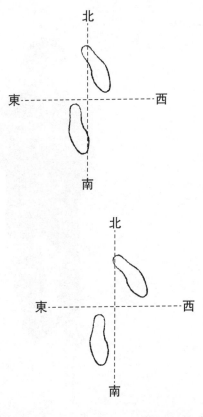

北

東 ————————— 西

南

①右腳向前上步，左腳跟半步成三體式，目視前方。

②左腳向後撤半步，同時右腳跟撤半步成三體式，右掌臂內旋下落反手於腹前，掌心向右，目視前方。

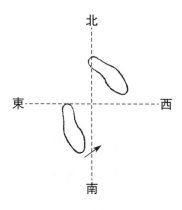

北

東 —————— 西

南

③右手向上提起，向前劈出，與眉齊高，左手收於右腋下，掌心朝下，目視前方。

【攻防】當對方用掌向我打來，我迅速撤半步，用左手壓住對方掌，右手掌背面擊打對方臉部。

33

7. 青龍探爪

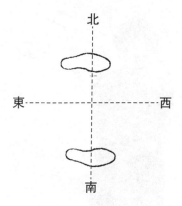

①右腳內扣，重心在左腳，同時右臂內旋，雙手托架於頭前上方，目視前方。

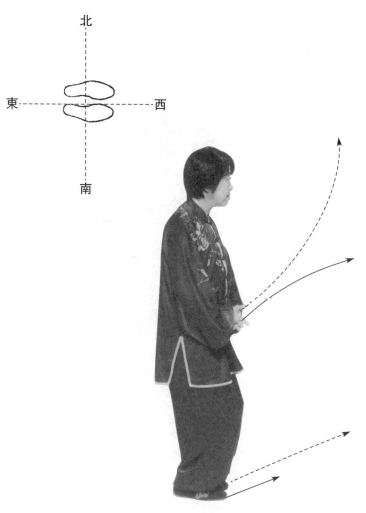

②重心右移，收左腳併步，同時兩手由上經左右向下畫弧收於腹前，左掌右拳，合於左掌心上。

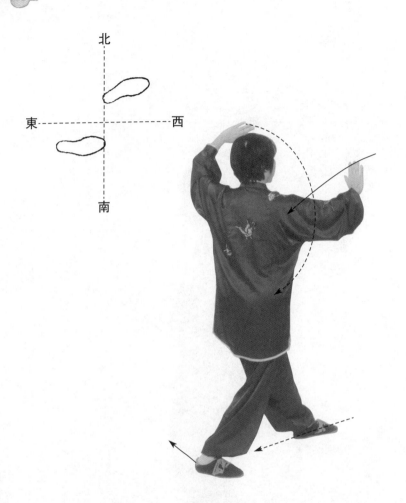

北

東

西

南

③左腳向左斜前方上步，右腳跟半步成三體式，
左手內旋架於頭上方，右手內旋向斜前方推出，高與
鼻尖，目視前方。

【攻防】設對方用左拳擊打我頭部，我即用左手
架擋其臂，同時跟步以右掌擊打對方胸部。

8. 懷中抱月

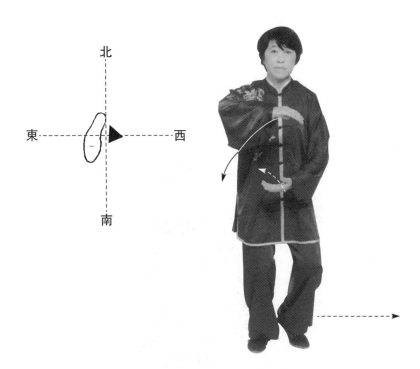

　　右腳向斜後撤半步，身體微右轉，左腳向後撤步於右腳內側虛點地面，同時右手旋腕回收於胸前，手心向下，左手臂外旋向下畫弧至腹前與右手合抱，目視雙手。

　　【攻防】對方用右拳攻擊我，我撤步用右拳引領使其落空，左拳攻擊其左肋。

9. 摟膝拗步

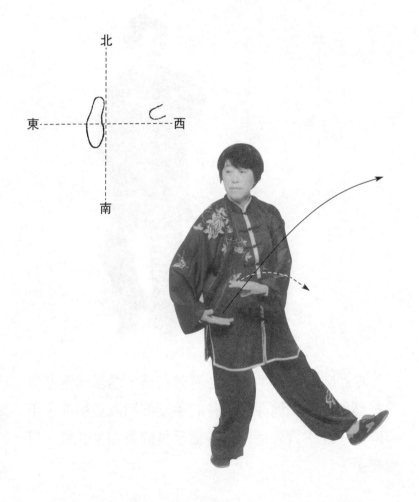

左腳向前邁出，腳跟著地，右手外旋下落於腰
旁，左手內旋於右膝前方，目視前方。

10. 手揮琵琶

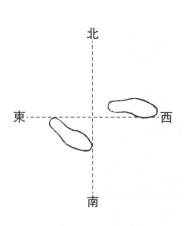

①重心前移，微向左轉成左弓步，左手畫弧於左胯旁，右手向前穿出與眉平齊，目視前方。

【攻防】設對方用腳踢我襠部，我即以左手摟開其腳，同時上步弓腿，以右掌向對方頸部刺出。

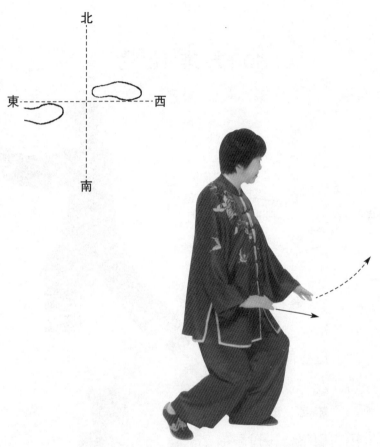

北

東　　西

南

②重心前移，右腳跟半步，身體微右轉，右手內
旋下落於胯旁，目視前方。

【攻防】設對方以右手擊我胸部，我即以左手粘
其肘，右手向左粘其腕，用兩手合力反其肘關節，以
右腳踢其肋骨，踩其腳面。

11. 懷中抱月

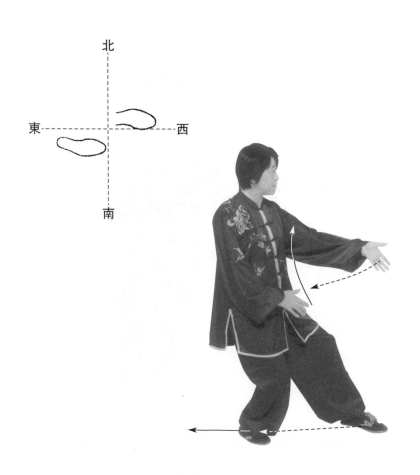

　　重心後移，左腳虛點地面，左手臂外旋向前提起，指尖向下，右手臂外旋與左臂相合，目視左掌。

12. 左右摟膝拗步

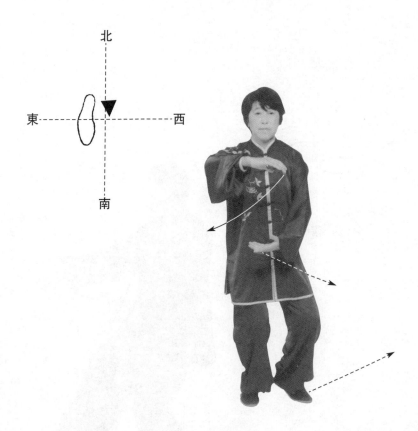

①左腳向後撤一步於右腳內側，虛點地面，同時右手旋腕回收於胸前，掌心向下，左手臂外旋向下畫弧至腹前與右手合抱，目視雙手。

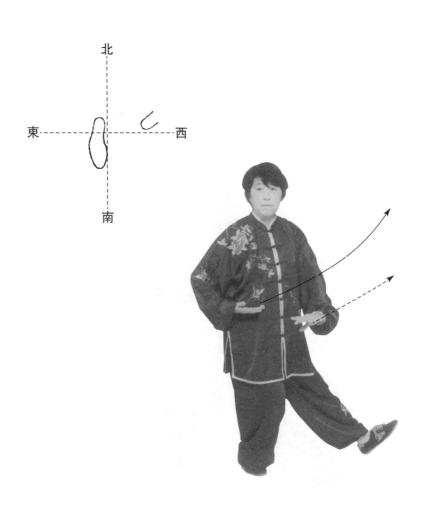

②左腳向前上步，腳跟著地，右手外旋下落於胯旁，左手內旋於右胯前方，目視前方。

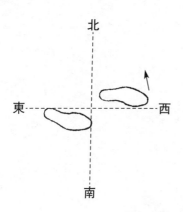

北

東　　　　　西

南

③重心前移，微左轉成左弓步，左手畫弧於左胯
旁，右手向前穿出與眉齊平，目視前方。

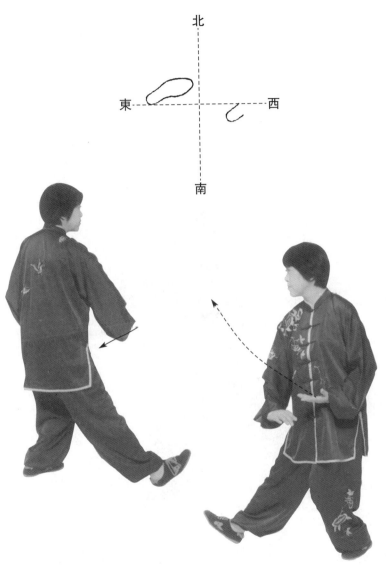

④左腳外擺，右腳向前上步，腳跟著地，右手下
落於左胯前，左手外旋收於胯旁，目視前方。

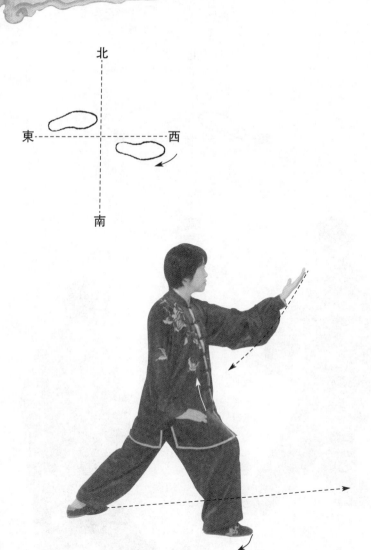

⑤重心前移，微右轉成右弓步，右手畫弧於右胯
旁，左手向前穿出與眉齊平，目視前方。

北

東 ⋯⋯⋯⋯⋯⋯ 西

南

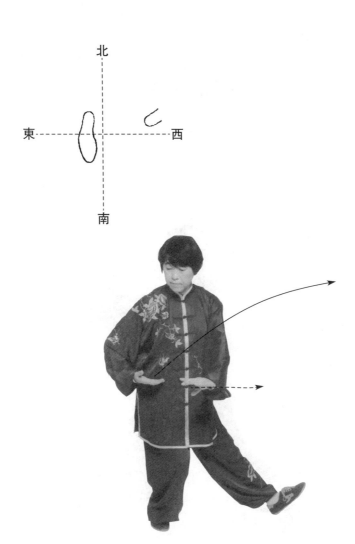

　　⑥右腳外擺，左腳向前上步，腳跟著地，左手內旋下落於右胯旁，右手外旋收於腰旁，目視前方。

13. 手揮琵琶

①重心前移，微左轉成弓步，左手畫弧於左胯旁，右手向前穿出與眉齊平，目視前方。

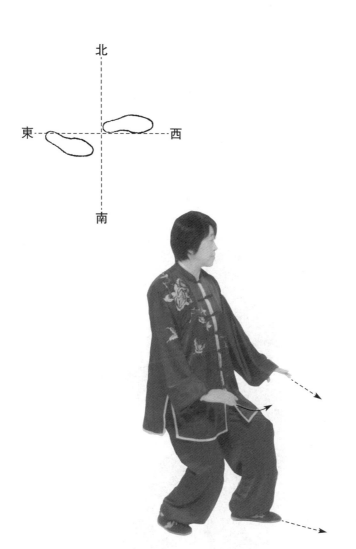

②重心前移，右腳跟半步，右手內旋下落於右胯旁，左手向前畫弧，掌心斜向下，目視前方。

14. 進步左搬攔捶

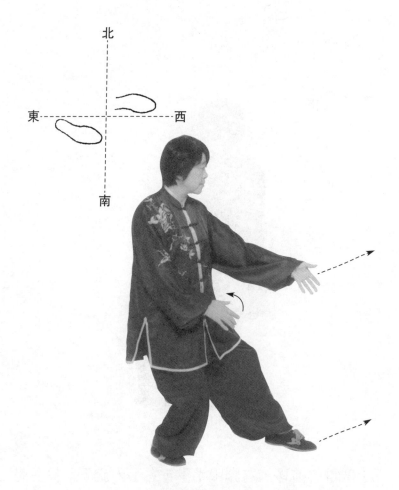

①重心後移，左腳虛點地面，左手臂外旋向前提起，指尖斜向下，右手臂外旋與左臂相合，雙指尖向下，目視左掌。

北

東 --------- 西

南

②重心前移，左腳跟半步，右手內旋下落於右胯
旁握拳，左手內旋握拳，目視前方。

③右腳向前上步成三體式，右拳向前穿出，拳心
向上至肘前高度，左手下落於腹前，拳心向下，目視
前方。

【攻防】設對方用右拳向我腹部打來，我握其腕
下壓，用右拳擊打其腹部。

15. 如 封 似 閉

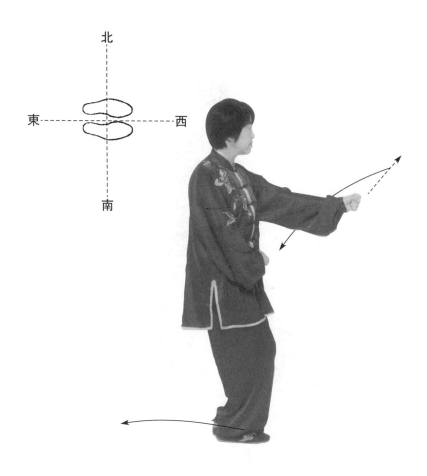

①左腳向前跟步落於右腳內側併步振腳，同時右手旋臂下落於腹前，左手臂外旋，拳眼向上向前崩出與腰齊平，目視前方。

北

東　　　　西

南

②右腳撤半步，雙手臂外旋向前向上崩出，掌心
向上，目視雙手。

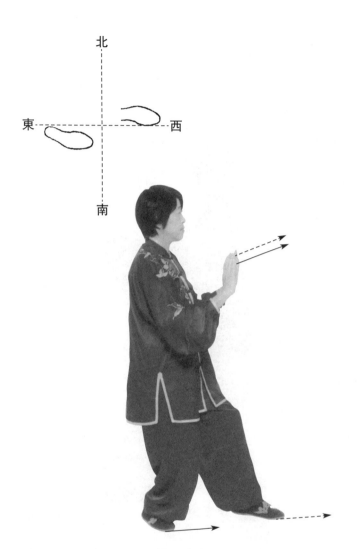

③雙手平開,重心右移,左腳向後撤半步虛點地
面成虛步,雙手內旋收於肩前,掌心向前,目視前
方。

④左腳向前上步,右腳跟半步成三體式,同時雙掌向前推出,目視前方。

【攻防】設對方用雙手向我打來,我即以雙手將其兩臂分開,隨即用兩掌推其胸部。

16. 抱虎歸山

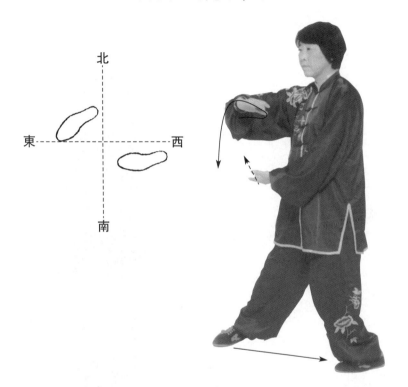

　　左腳內扣活步，右手收於胸前，左手向下畫弧於腹前，兩手相合，目視前方。

　　【攻防】設對方以右拳擊打我胸部時，我用左手截住其右臂肘關節，然後左臂向下向內滾壓，右手從對方右臂下方穿出，再用左手抓其右手腕，右手捋其肘部。

17. 攬雀尾

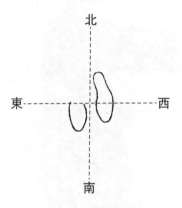

　　①身體向右斜前方轉45°，收右腳於左腳內側虛點
地面，上體左轉，右手外旋向左下捋，左手上提附於
右小臂內側，眼隨右手。

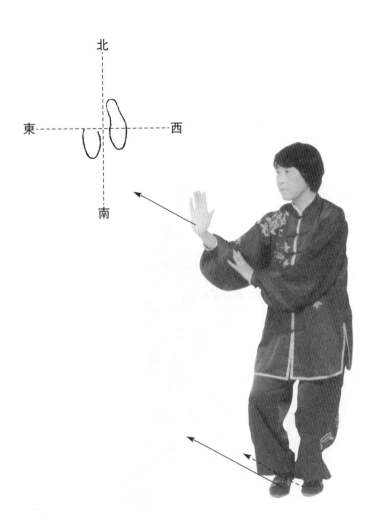

②腰微右轉，外旋再內旋屈肘，掌心向前，左手
附於右臂內側，目視前方。

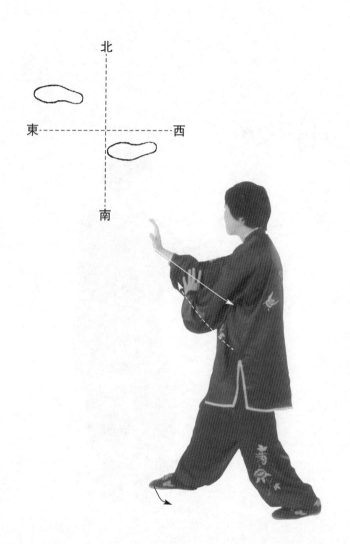

　　③右腳向斜前方上步，左腳跟半步成三體式，同
時右手向前推出，目視前方。

18. 陰陽把

①右腳內扣，右手收於胸前，左手外旋至腹前與右手合抱，目視前方。

北

東 西

南

②左右腳碾腳，身體向左轉90°，雙手絞靶，左右
手立掌，左手掌心向右側，掌指向上至肩前，右手掌
心向前，掌指向下於襠前，目視前方。

③右腳向斜前方上步半蹲,左腳跟半步,同時雙手向斜前方推出,目視前方。

【攻防】設對方向我出拳,我方右手將其手腕抓住,左手托其肘部反關節旋轉,上步發力,將其打出。

19. 肘 底 看 捶

　　右腳向後撤一步成三體式，重心移至右腳，右手
內旋握拳，收於左肘下方，左手向前伸出，立掌與肩
同高，掌心向右，目視前方。

20. 左右倒攆肱

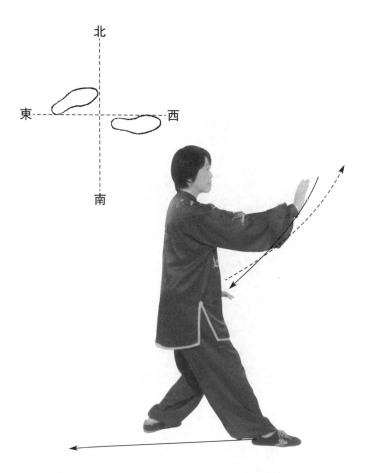

北
東 — 西
南

①退左腳，重心後移，右腳腳跟外撐成三體式，同時左手內旋掌心向下收於腹前，右手內旋變掌於左臂上方穿出，掌心斜向下，掌指朝前，目視前方。

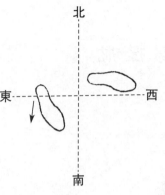

北

東 —— 西

南

②退右腳，重心後移，左腳腳跟外撐成三體式，同時右手下落至腹前，左手於右臂上方穿出，掌心斜向下，掌指朝前，目視前方。

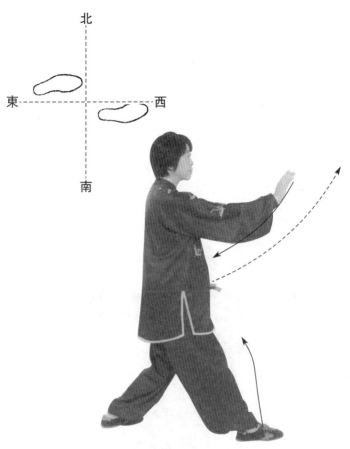

③退左腳，重心後移，右腳腳跟外撐成三體式，同時左手下落至左腹前，右手於左小臂上方穿出，掌心斜向下，掌指朝前，目視前方。

【攻防】假設對方用右拳擊打我腹部，我撤步以左手截其手，同時以右拳擊其面部（對方若出右拳，動作相反）。

21.懷中抱月

北
東——西
南

提右腳，腳尖勾起，同時左手向前穿出與肩同高（可發力），掌心向下，右手收至右腹前，目視前方。

22.斜 飛 勢

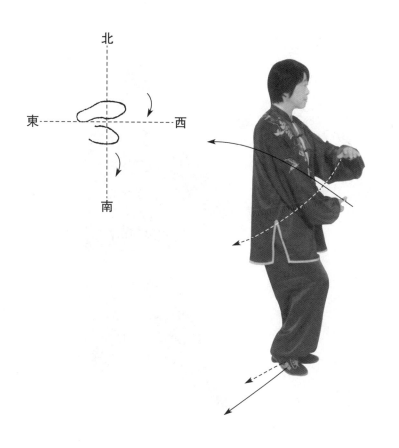

　　右腳下落至左腳內側虛點地面，同時右手外旋，手心向上，左手收於胸前，掌心向下，雙手合抱於腹前，目視前方。

23. 提手上勢

北

東 ---- 西

南

①雙腳碾轉，身體右轉，右腳向右斜前方上步，左腳跟步成三體式，同時左手下按至腹前，右手上挑至胸前（可發力），手心向左，手指向斜下，目視前方。

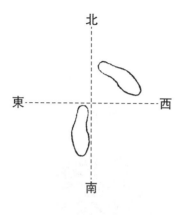

北

東--------西

南

②左腳向後撤半步，右腳跟撤半步成三體式，同時右手向下畫弧，手臂外旋收至腹前，手心向上，左手上抬至胸前與右手合抱，兩手心相合，目視前方。

24. 白鶴亮翅

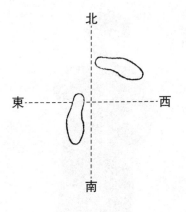

①右腳向前上半步,左腳跟半步成三體式,同時
雙手向前送出,目視前方。

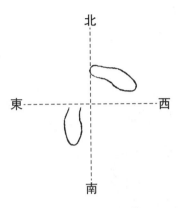

北

東 ---- 西

南

　　②左腳向後撤半步，右腳也向後撤半步虛點地
面，同時上體微左轉，右手臂內旋收至左腹前，目視
左前方。

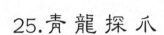

25.青龍探爪

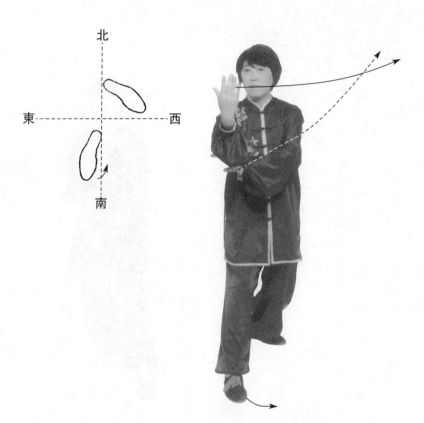

　　①右腳向前上半步成三體式，右手向上提起，反臂向前方劈出，與眉齊高，左手收至右肘下，掌心朝下，目視前方。

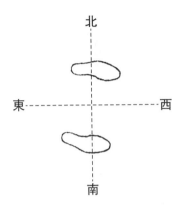

北

東 — — — — 西

南

②右腳內扣,重心在左腳,同時,右臂內旋,雙
手托架於頭前上方,目視前方。

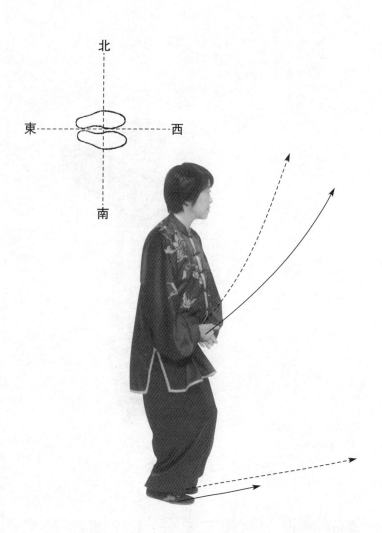

③重心右移，左腳併步振腳，雙手畫弧，左掌右
拳相合收於腹前，目視前方。

26.懷中抱月

　　左腳向左斜前方上步，右腳跟半步成三體式，左手內旋架於頭上方，右手內旋向斜前方推出，高與鼻尖，目視前方。

　　【攻防】與「8.懷中抱月」相同。

27. 摟膝拗步

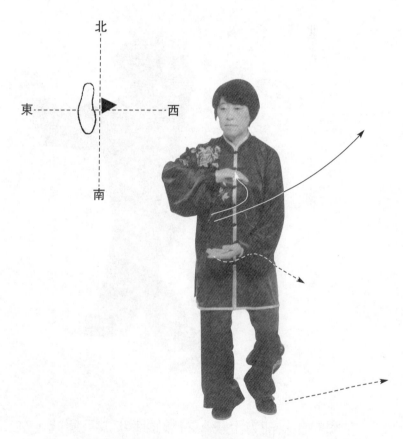

　　①右腳向斜後撤步，身體微右轉，左腳向後撤一
步於右腳內側虛點地面，同時右手旋腕回收於胸前，
掌心向下，左手臂外旋向下畫弧至腹前與右手合抱，
目視雙手。

②左腳向左斜前方邁步，重心前移，微左轉成左弓步，左手畫弧於左胯旁，右手向前穿出，與眉齊平，目視前方。

【攻防】與「9.摟膝拗步」相同。

28. 海底針

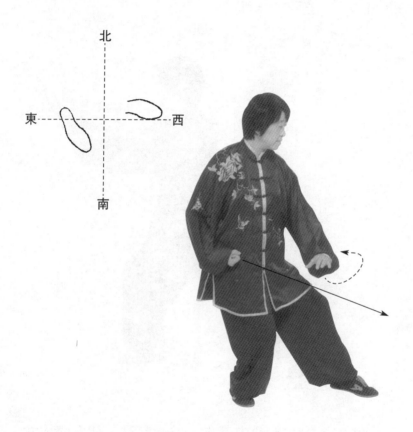

①右腳上半步，重心後移，身體微右轉，左腳微收，腳尖虛點地面，同時右手內旋握拳畫弧收至右胯旁，拳心向上，左手向前畫弧至腹前，目視前方。

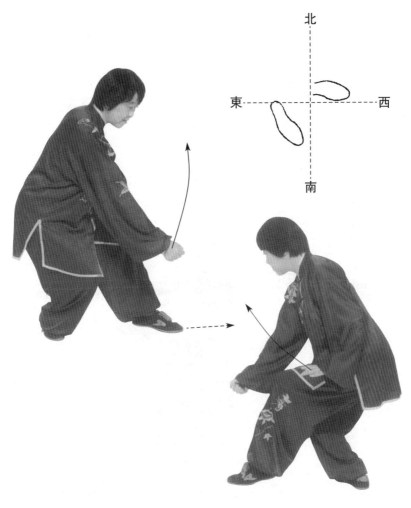

北

東 西

南

②上體微左轉，右手向上臂內旋，向斜下打出，
同時左手畫弧至胯旁，目視前方。

【攻防】我右轉體提右腕，同時以左手臂下壓折
其臂解脫，並隨勢以右拳擊打對方。

29. 閃 通 臂

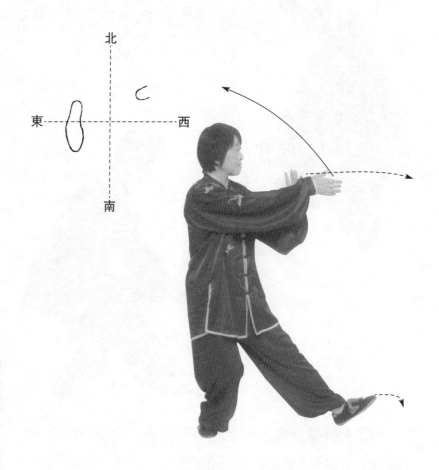

①左腳提起向左前方上步，同時右手變掌由下向上挑掌至與肩同高，掌心向左，指尖向前，左手提起附於右臂內側，掌心向右，手指向上，目視右手。

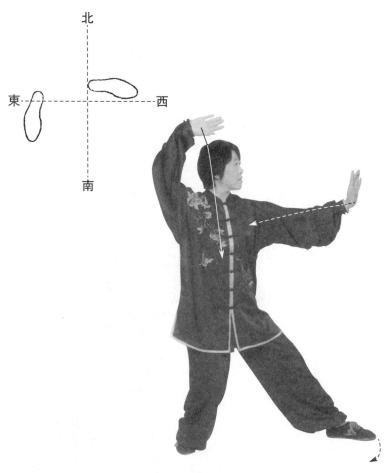

北

東　　　西

南

②左手向前推出，右手臂內旋收回架於右額前上方，同時發力，目視前方。

【攻防】設對方用右手向我擊來，我即用右手反握其腕，向右後提帶至右額旁，同時上步發力，以左掌向對方肋部擊去。

30.回身熊撑

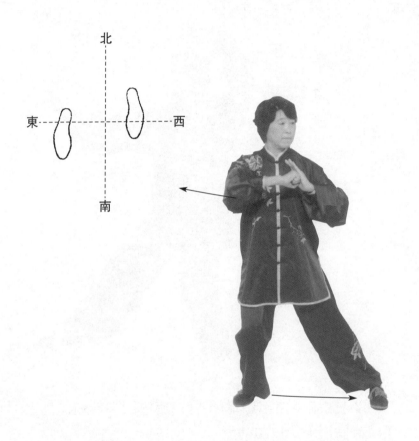

①扣左腳，重心移於右腳，同時右手下落握拳於胸前，左手立掌收於左肩前，目視左前方。

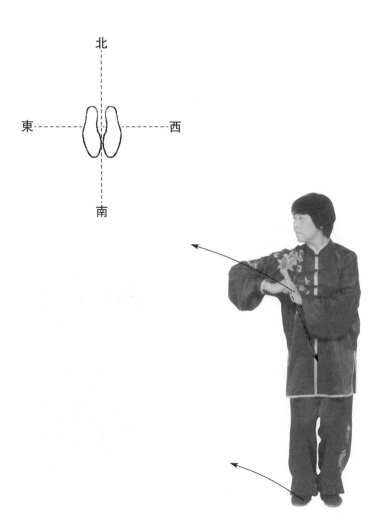

②收右腳，頂右肘同時發力，目視右前方。

【攻防】設對方向我右側打來，我方用肘發力撞擊對方。

31. 退步搬攔捶

①右腳上步，右拳向前劈出，左手握拳，拳心向下落至腹前，目視右拳。

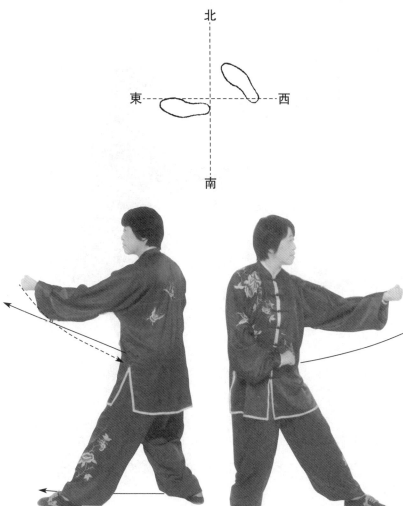

②右腳退步，重心後移，左腳腳跟外撐成三體
式，同時右手內旋收至腹前，左手臂外旋向前伸出，
目視前方。

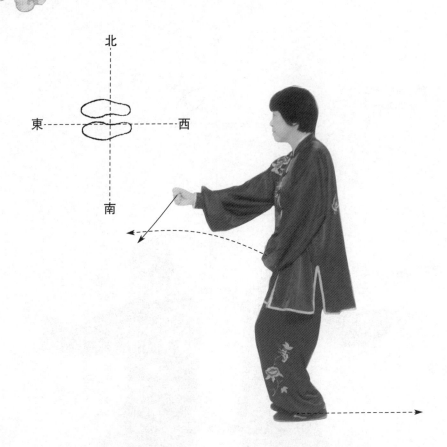

③右腳向前上步，重心向前移，右腳向左腳內側下落振腳，左手內旋收至腹前，右手外旋向前崩出，目視前方。

【攻防】設對方用左拳打我腹部，我方用右拳橫推之手截顧向右化其力，對方又用右拳進攻，我方右腳退半步用左拳橫推之手截顧向左化力並下壓，用右拳擊打其腹部。

32. 活步（鮐）形

①左腳退步雙手交叉於腹前，目視雙手。

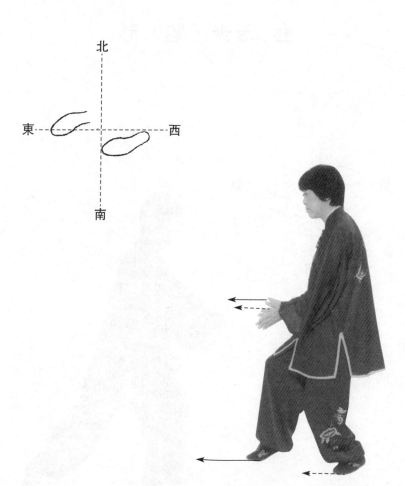

北

東　　　　　　西

南

②重心後移，右腳收回半步，腳掌著地，雙手外旋，掌心斜向前收於腹前，目視雙手。

形意太極拳分解教學（88式）

90

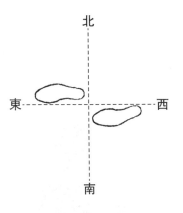

③右腳向前上半步,左腳跟半步成三體式,同時雙掌向前推出發力,目視前方。

【攻防】設對方雙掌向我方推來時,我方用兩掌將對方雙臂由上向下格擋按壓使之落空,並上步發力擊對方腹部。

33. 鐵門栓

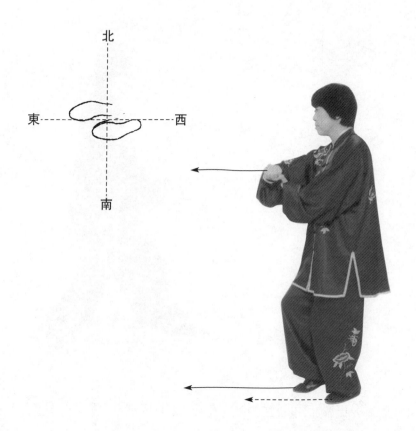

①右腳收回至左腳內側虛點地面，同時右手向前
內旋向斜下捋，握拳拳心向下收於胸前，左手附於右
手腕，目視前方。

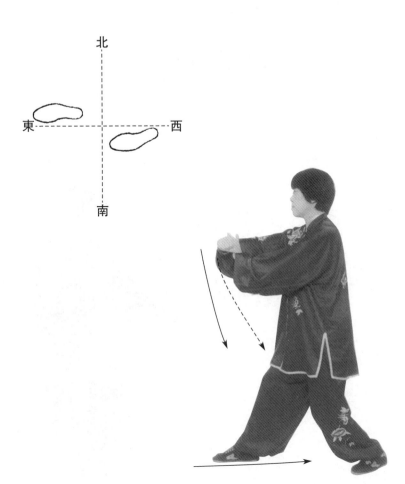

②右腳向前上半步，同時左腳跟步成三體式，雙手同時向前撐出發力，目視前方。

【攻防】設對方出左拳，我方用捋將其落空，然後上步用肘擊打對方胸部。

34. 攬雀尾

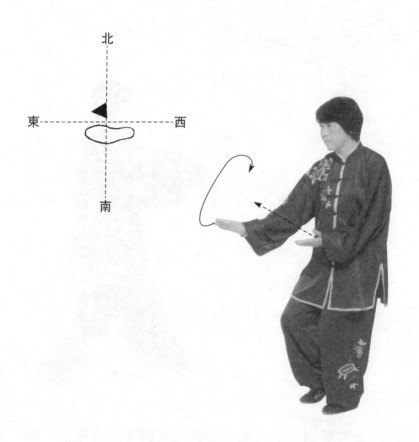

①身體向右斜前方轉45°，收右腳於左腳內側，上
體左轉，右手外旋向左下捋，左手上提附於右小臂內
側，眼隨右手。

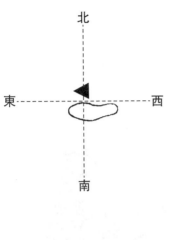

②腰微右轉外旋再內旋屈肘，掌心向前，左手附
於右臂內側，目視前方。

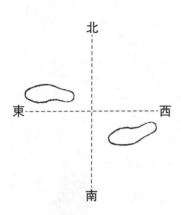

北

東 —————————————— 西

南

③右腳向斜前方上步，左腳跟半步成三體式，同
時右手向前推出，目視前方。

【攻防】與「3.攬雀尾」相同。

35. 單 鞭

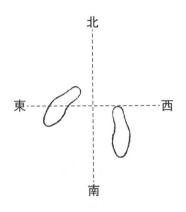

①扣右腳，身體左轉至正前方，重心在左腳，右手向下畫弧至腹前，手心向上，左手上抬至胸前高度，掌心向下與右手合抱，目視前方。

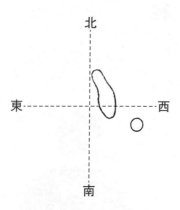

北

東 ---------- 西

南

②抬右腳，同時右手上抬，掌心向上穿出至左手
上，目視前方。

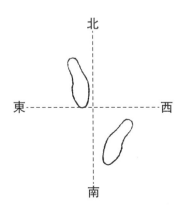

北

東 —— 西

南

③右腳蓋落步，重心前移，左手外旋，掌心向
上，目視前方。

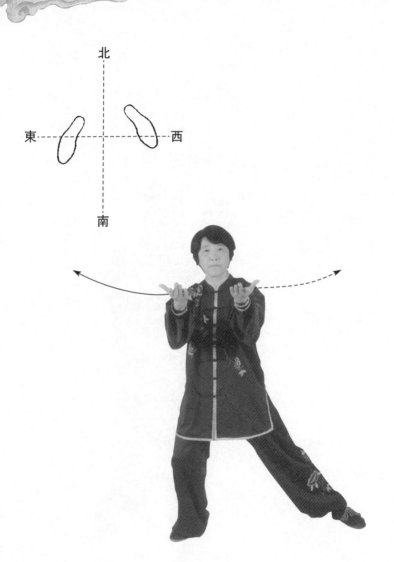

④左腳向左旁上一步，重心在右腳，雙手分開，
目視前方。

⑤兩臂內旋，重心左移成橫襠步，同時雙臂左右
分開，高與肩平，手指向上，目視右方。

【攻防】與「4.單鞭」相同。

101

36.雲 手

①右手向下畫弧經腹前向左畫弧至腋下，目視左
方。

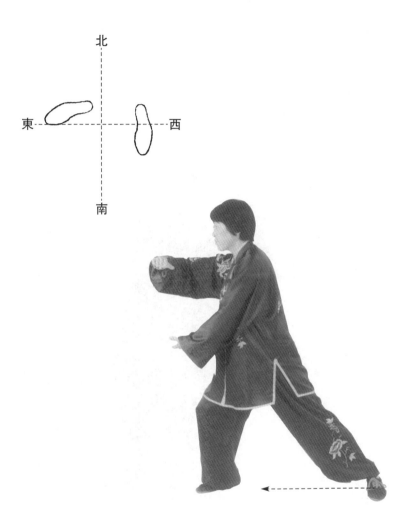

②重心右移，右手內旋畫弧，掌心朝下，上體右
轉，左手下落畫弧，掌心朝上經腹前與右手合抱，目
視前方。

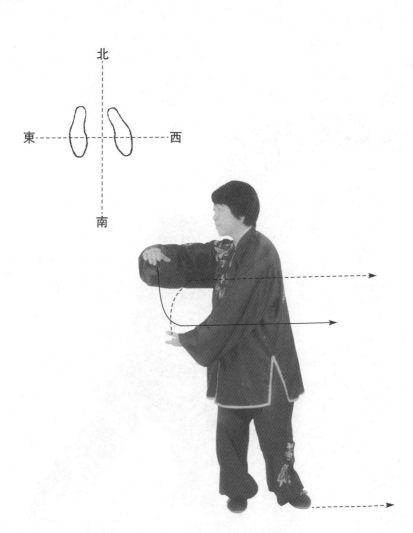

③收左腳與右腳平行分開20公分。

④撤左腳，重心左移，同時左手內旋畫弧至胸前，掌心向下，上體左轉，同時右手下落畫弧，經腹前掌心向上與左手合抱，目視左方。

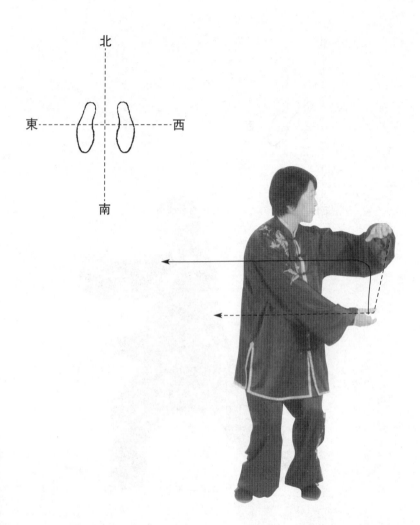

北

東　　　　西

南

⑤收右腳，重心左移與左腳平行，雙腳離開20公
分，目視左方。

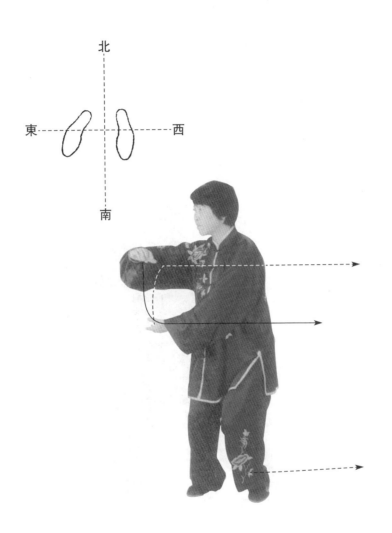

北

東 --- --- 西

南

⑥上體右轉，重心移至右腳，同時右手內旋畫弧
至胸前，掌心向下，左手下落畫弧經腹前與右手合
抱，目視右方。

⑦撤左腳，重心左移，同時左手內旋畫弧至胸前，上體左轉，右手下落畫弧至腹前與左手合抱，目視前方。

形意太極拳分解教學（88式）

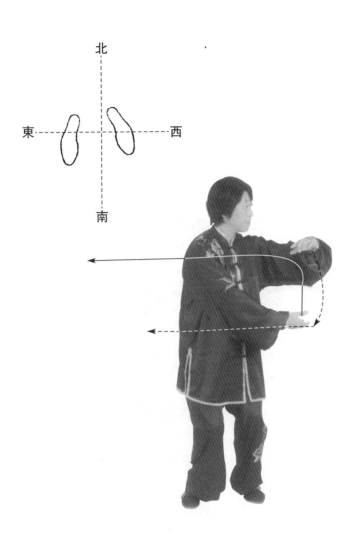

　　⑧收右腳重心左移與左腳平行，雙腳分開20公分，目視前方。

形意太極拳分解教學（88式）

109

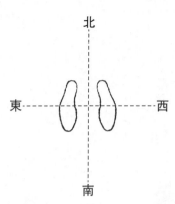

北

東----　　----西

南

⑨上體右轉，重心移至右腳，同時右手內旋畫弧至胸前，掌心向下，左手下落畫弧經腹前與右手合抱，目視右方。

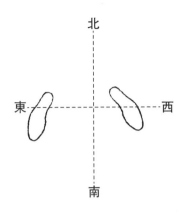

北

東　西

南

　　⑩撤左腳，重心左移，同時左手內旋畫弧至胸前，上體左轉，右手下落畫弧至腹前與左手合抱，目視前方。

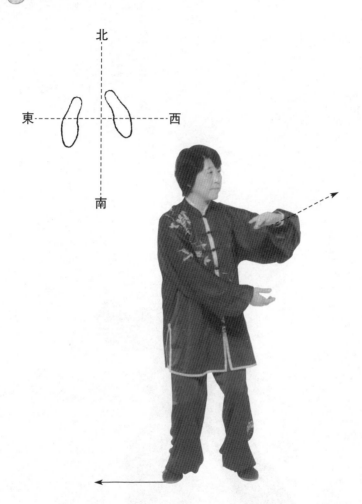

⑪收右腳，重心左移，與右腳平行，雙腳分開20
公分，目視前方。

【攻防】設對方以左手向我胸部擊來，我即提右
臂滾擋其臂並扣其手腕，趁勢左掌擊其肋部。此為左
雲手。右雲手與此用法相同，方向相反。

37. 高探馬

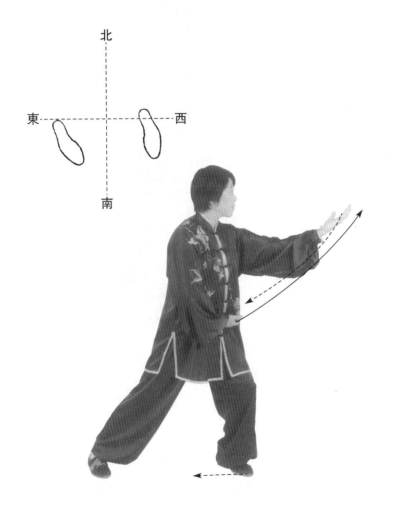

①撤右步，身體左轉，同時左手向前蓋掌，掌心向上，右手收至腹前，目視前方。

②重心後移，左步虛點地面成虛步，同時右手內旋向前橫推（可發力），高與肩平，左手橫掌收至腹前，掌心向上，目視前方。

【攻防】設對方進攻，我方右腳向後撤一步，左手反掌擊其面部而後右手出其橫掌（手心向下）擊其胸部。

形意太極拳分解教學（88式）

38.左右分腳

北

東-------西

南

①雙腳碾腳，身體向左轉成歇步，右掌向前撐出
於頭高度，左掌旋臂向左撐出於左胯旁，目視前方。

北

東

西

南

②向右轉，起立，扣左腳，重心移至右腳，兩手分開，掌心向外，目視前方。

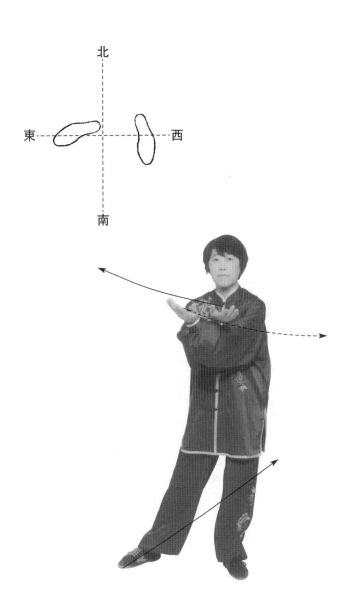

北

東　西

南

③重心移至左腳，碾右腳，雙手畫弧在身前交
叉，掌心向上，左手在下，目視雙掌。

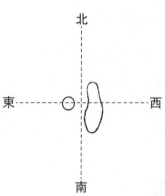

北

東 ---- 西

南

④雙手打開，內旋分掌，抬右腳，腳尖勾起，肘
微彎曲，目視斜前方。

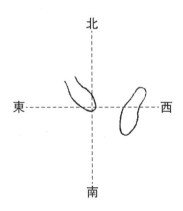

⑤蓋落步歇步下蹲，同時右掌下落於胯旁，左手
向前撐出與頭齊高，目視右斜前方。

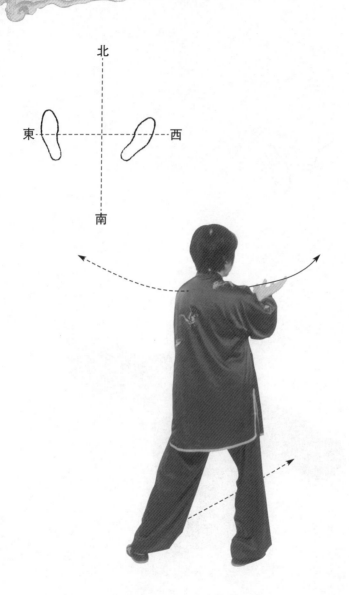

北

東　　　西

南

⑥起立，扣右腳，重心移至右腳，同時碾左腳，
雙手畫弧交叉，左手在上，雙手向上，目視雙掌。

⑦內旋分掌，雙手打開，抬左腳，腳尖勾起，肘微彎曲，目視右斜前方。

【攻防】設對方出右拳擊打，我用右臂格擋，隨即我用右腳橫踹對方腹部、襠部或小腿。左分腳與此相同，唯有方向相反。

39. 轉身左側踹

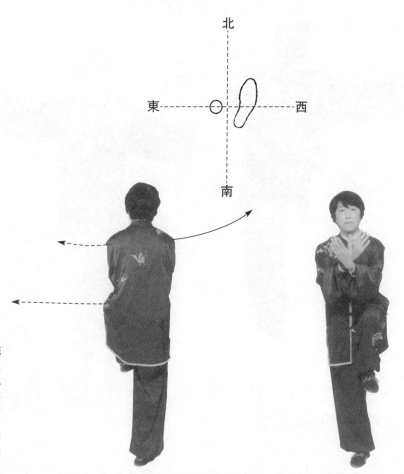

①收左腳，提膝，雙手外旋在胸前合抱，掌心向內，目視前方。

北
東────○────西
南

②左腳側踹,腳尖朝前,雙手前後分開,掌心向外,掌指向前,目視腳尖。

【攻防】擊打對方襠部、腹部。

40. 提膝上撞捶

　　收左腳，落步，上體左轉，抬右腿，腳尖勾起，同時右手下落至胯旁，握拳屈肘向上打出，左手收至右肘下，橫掌，掌心向下，目視前方。

　　【攻防】設對方向我出右拳，我方將左手壓其右拳，用右拳擊其下顎。

41. 進步栽捶

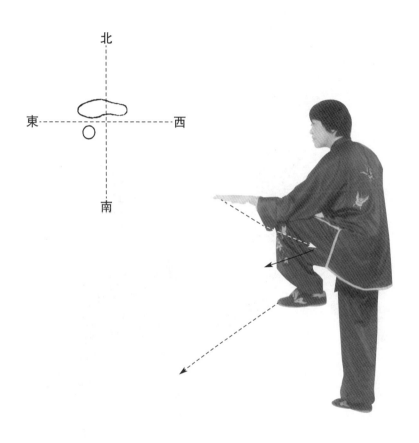

　　①右腳下落彎曲，同時抬左腳成提膝，左掌從右手臂上向前穿出，右手內旋變掌落至右腹前，目視前方。

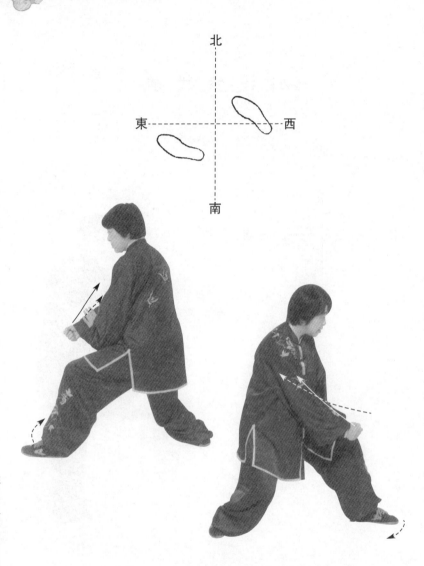

②向前方上三步成半馬步，同時右手握拳向前下
方打出，左手收至右臂內側，目視右拳。

【攻防】此動作上步擊其襠部。

42. 金雞抖翎

①扣左腳，身體右轉成半馬步，同時雙手外旋交叉，右手在外，指尖向上，目視雙手。

②身體向右轉成右橫擋步，蹬腳擰胯，雙手撐出發力，左手在右胯旁，右手在額前方，目視左手。

【攻防】崩開對方摟抱的雙手，同時崩擊左右兩側近距離對手。

北

東 ---- 西

南

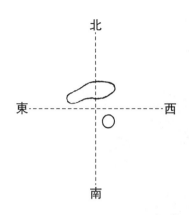

③左腳向前上步，同時右腳抬起，左手收至右肩，左掌心向右，掌指向上至肩前高度，目視前方。

北

東 — 西

南

④右腳落步成三體式，同時右手向前挑出發力，左手下落至襠前，目視前方。

右步順步出撩陰掌擊對方襠部，可延至下頜。

43. 蛇 出 洞

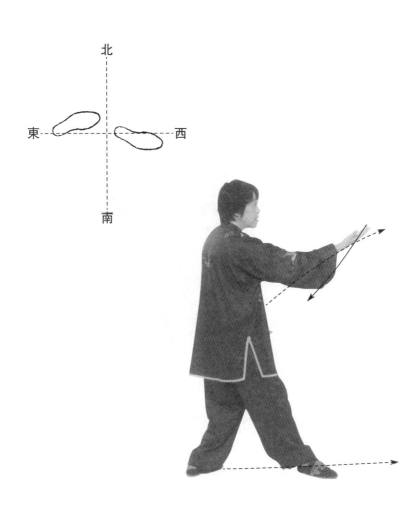

①右腳活步，右手內旋向前穿出，目視前方。

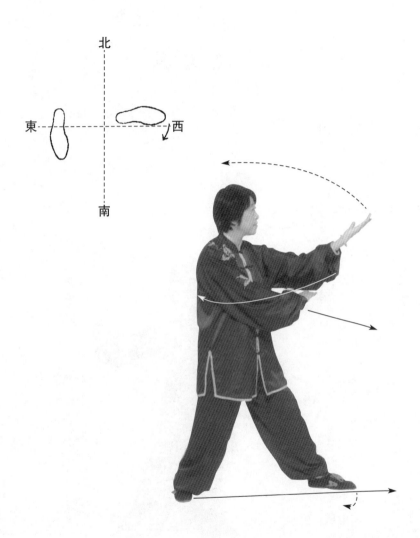

　　②重心前移，左腳上步，同時右手臂內旋收回攔
掌於左肘下方，左手外旋從右手臂上方穿出，目視前
方。

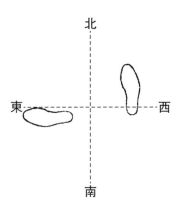

③重心後移，扣左腳，重心左移，撤右腳，右手
向右側方穿出，掌心向上，左手向上經頭前上方，目
視左手。

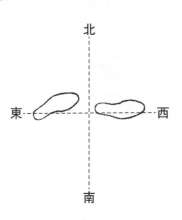

北

東 西

南

④雙腳碾腳轉體，重心右移成弓步，右手外旋，
掌心向下，左手在左後，目視手心。

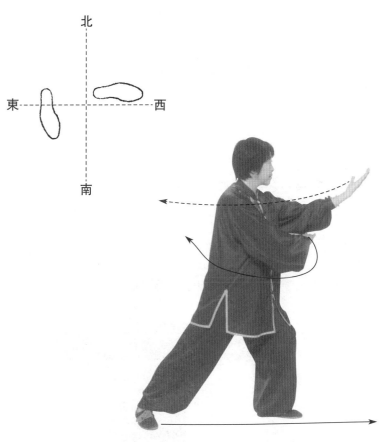

⑤上左腳，同時左手臂外旋，掌心向上向前穿出，右手橫掌收至左肘下方，目視前方。

【攻防】設對方出拳向我方打來，我方用右臂滾壓並出左掌擊其頸部。設對方由我身後打我頭部時，我方快速右轉身用小臂向外格開對方，用左掌或拳打對方面部。

44. 上步二起腳

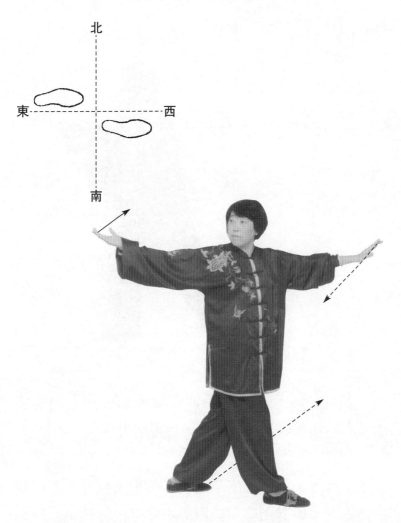

①重心前移，上右腳，身體微右轉，右手向下向
後畫弧，目視右手。

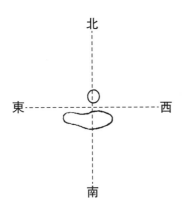

北

東 西

南

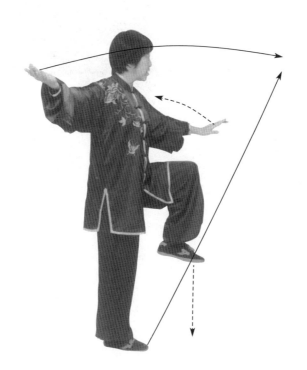

②重心前移，起左腳跳步。

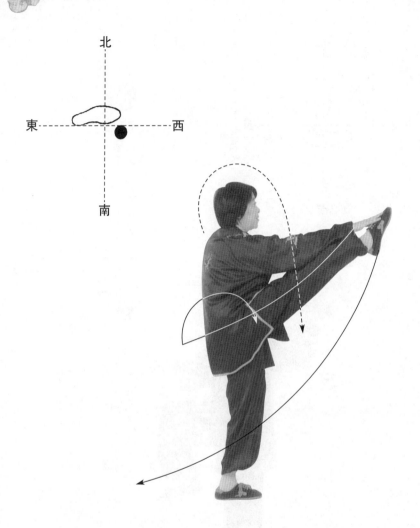

北

東 — — 西

南

③右手向前拍擊腳面，左手向後畫弧，掌心向下與肩同高，目視前方。

【攻防】上步踢其襠部，右掌向前打畫部、頭部。

45. 三盤落地

　　右腳向後落步，上體右轉成半馬步，同時雙臂外旋向上畫弧至頭前高度，下按左手橫掌，右手指尖向前，掌心向下，目視動作。

　　【攻防】設對方用雙掌推我方，我方用兩掌下按同時兩腿下沉。

46. 披身蹬腳

北

東

西

南

①左腳外擺，右腳內扣，重心前移成左弓步，同時雙手握拳，左手畫弧至左胯旁，拳心向上，右拳拳心向上旋臂向前打出，目視前方。

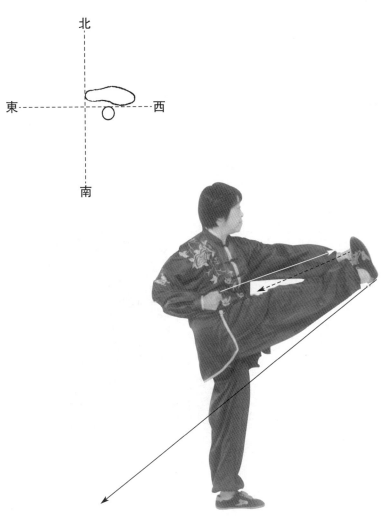

北

東 —— 西

南

②蹬右腳，腳尖向上，衝左拳，同時右拳旋臂收
於腰間，目視前方。

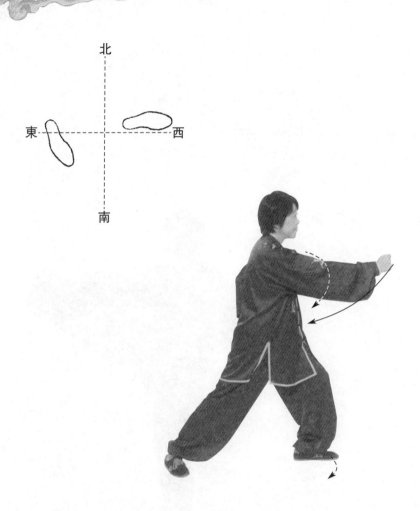

北

東 ----- 西

南

③落步成左弓步，右手旋臂向前衝出，目視右
拳。

【攻防】設對方用右拳攻擊我方，我即用左拳格
擋其右拳，然後出右拳擊對方胸部，同時提右腳蹬其
腹部，出左拳打其面部。

47.轉身蹬腳

①重心後移，左腳活步扣腳，同時右手變掌內旋，手心向上，抱於腹前，左手上抬至胸前，掌心向下與右手合抱，目視前方。

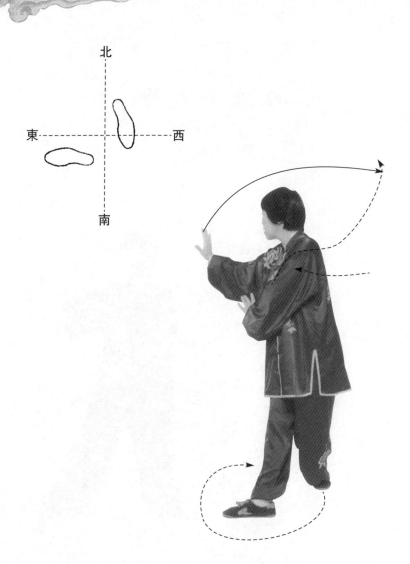

北

東 ---- 西

南

②右腳上步外擺，身體右轉，右手向上經左臂上
方穿出，手心向外成立掌，左手下落至右胯旁，目視
前方。

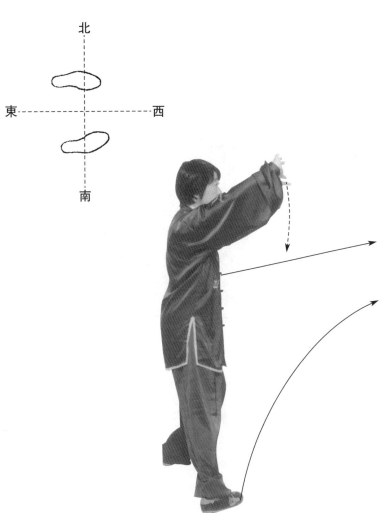

北

東-------------西

南

③重心前移，上左步扣腳，重心在左腳，雙手在
頭前分開，目視前方。

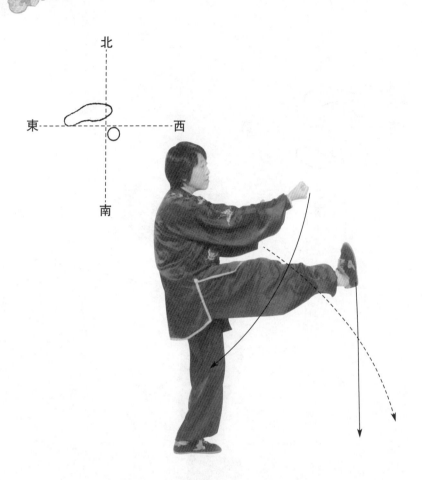

北

東　　　　西

南

④提右腳前蹬，腳尖勾起，同時雙手畫弧下落握拳經腰間向前打出，左拳向右臂內側打出，目視前方。

【攻防】設對方出右拳擊我，我以右臂格擋，而後用右拳上打對方下頜或頭部，隨即用右腳橫踹對方腹部、襠部或小腿迎面骨。

48.鷹 捉 勢

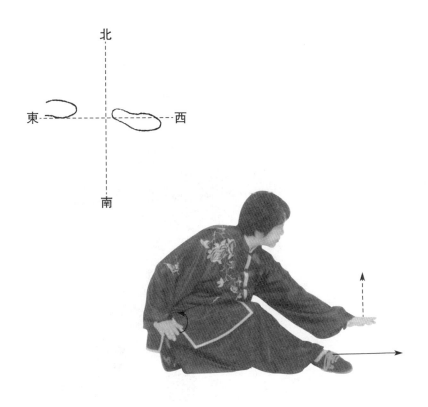

　　右腳橫落步，下坐，同時左手在右手臂上方穿出，虎口朝前，右手收掌在胯旁，虎口朝前，目視前方。

【攻防】兩掌按劈對方打來之拳。

49.上步搬攔捶

①身體上起，左腳上步，左手握拳至腹前，右手握拳在腰間，目視前方。

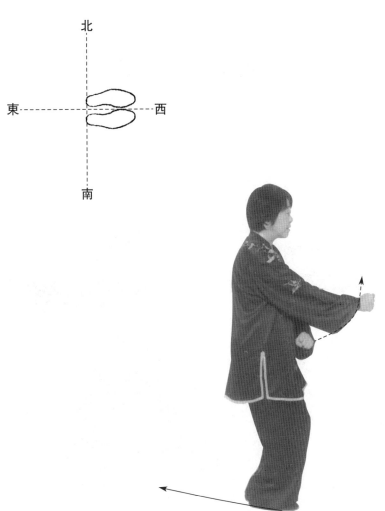

北

東 ---- 西

南

②右腳上步於左腳振腳併步發力，右手向前崩出
至腹前高度，左手收至腹前，目視前方。

【攻防】與「14.進步左搬攔捶」相同。

50.如封似閉

北
東————西
南

①右腳撤半步，右手臂外旋向前崩出，左手臂外
旋與右手交叉，掌心向上，目視雙手。

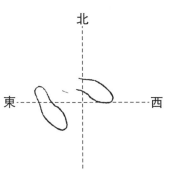

②重心後移，左腳向後撤半步虛點地面成虛步，
雙手內旋分開收於肩前，掌心朝外，目視前方。

【攻防】設對方用雙手向我打來，我即以雙手將
其兩臂分開，隨即用兩掌推按其胸部。

51.抱虎歸山

　　左腳向前上步，右腳跟半步成三體式，同時雙掌向前推出，目視雙掌。

　　【攻防】與「16.抱虎歸山」相同。

形意太極拳分解教學（88式）

52. 攬雀尾

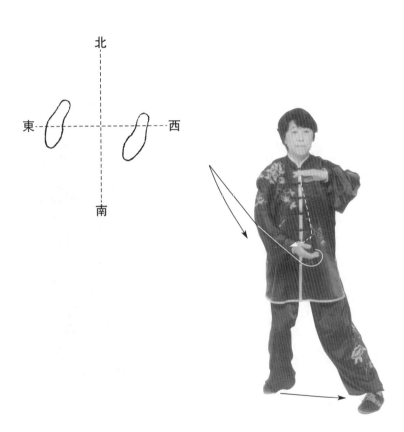

①左腳內扣活步，左手收至胸前，右手向下畫弧
於腹前，兩手相合，目視前方。

形意太極拳分解教學（88式）

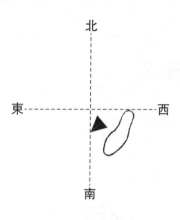

北

東 ---- 西

南

②身體向右斜前方轉45°，收右腳於左腳內側，上
體左轉，右手外旋向左下捋，左手上提附於右小臂內
側，眼隨右手。

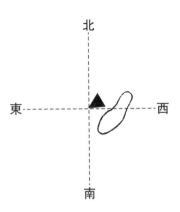

北

東 —————— 西

南

③腰微右轉外旋再內旋屈肘，掌心向前，左手附
於右臂內側，目視前方。

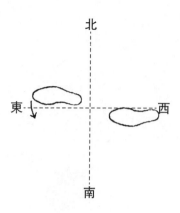

北

東　　　西

南

④右腳向斜前方上步，左腳跟半步成三體式，同時右手向前推出，目視前方。

【攻防】與「17.攬雀尾」相同。

53. 斜 單 鞭

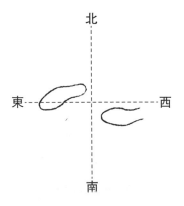

北

東　　　　西

南

形意太極拳分解教學（88式）

①扣右腳轉體90°，右手畫弧至腹前，掌心向上，左手上抬至胸前高度，重心在左腳，目視前方。

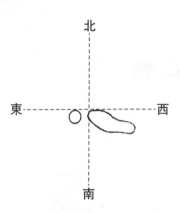

北

東 西

南

②抬右腳，右手上抬，掌心向上穿至左手上，目
視前方。

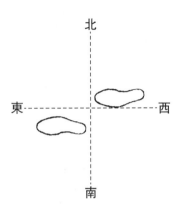

③右腳蓋落步，重心前移，左手外旋，掌心向
上。

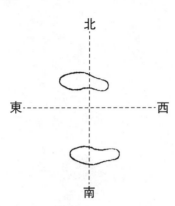

北

東--------西

南

④左腳向左旁上步，雙手分開。

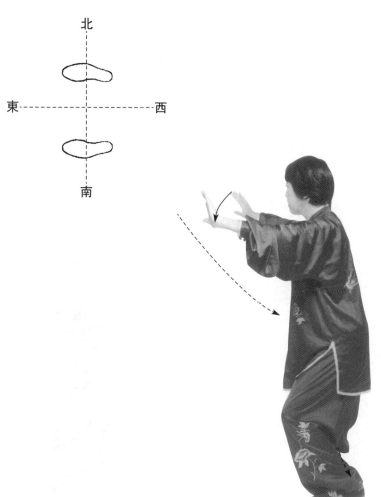

北

東------------西

南

⑤兩臂內旋，重心左移成左橫步，雙臂向左右分
開，目視右前方。

【攻防】與「4.單鞭」相同。

54. 左右野馬奔槽

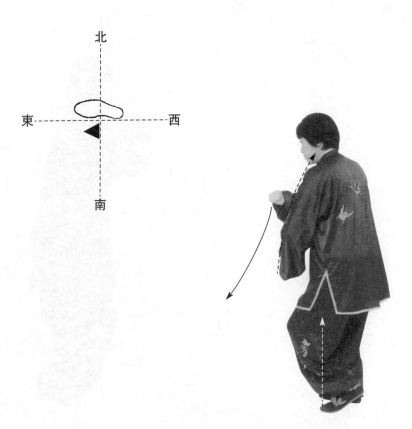

①重心右移，收左腳至右腳旁虛點地面，左手握拳向右畫弧於腹前，身體向右轉，右手握拳收至胸前與左拳合抱，目視右手。

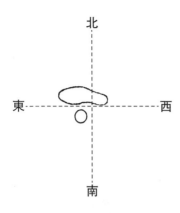

北

東　　　　　　西

南

②身體左轉抬左腳，腳尖勾起成提膝，同時提左
拳至耳旁，右拳向下至襠前，目視前下方。

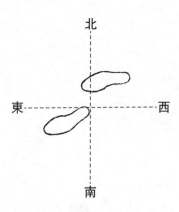

　　③左腳斜前落步，右腳跟半步成三體式，同時左
拳下打落於左膝前方，右拳提至右耳旁，目視前下
方。

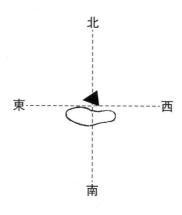

北

東 —————— 西

南

　　④身體左轉收右腳於左腳旁，虛點地面，左手上提於胸前，右手下落於腹前，拳心向上，於胸前合抱，目視左手。

北

東 - - - - - - - - - ● - - - - - - - 西

南

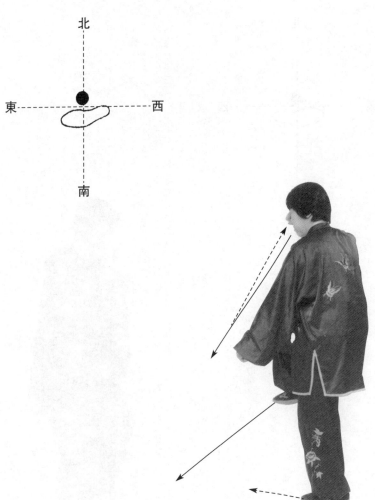

　　⑤身體右轉，抬右腳，腳尖勾起成提膝，同時提右拳至耳旁，左拳向下至襠前，目視前下方。

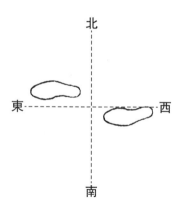

⑥右腳向右斜前落步，左腳跟半步成三體式，同時右拳下打落於右膝前方，左拳提至左耳旁，目視前下方。

【攻防】設對方上步打拳，我方用右臂格擋並砸其左腿，同時對方出右拳我方左臂格擋。右野馬奔槽用意相同，唯方向相反。

55. 左右玉女穿梭

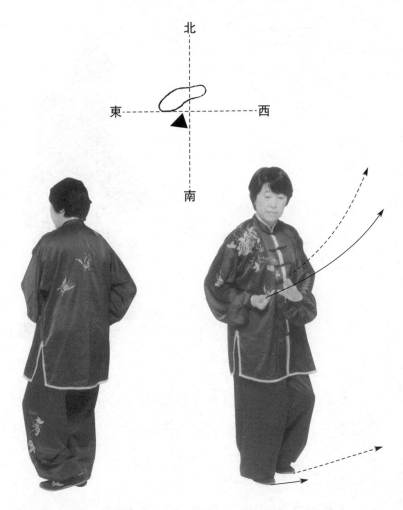

①收左腳在右腳內側，虛點地面，同時左手變掌下落至右腋下，右手回收至腰間，拳心向上，目視前方。

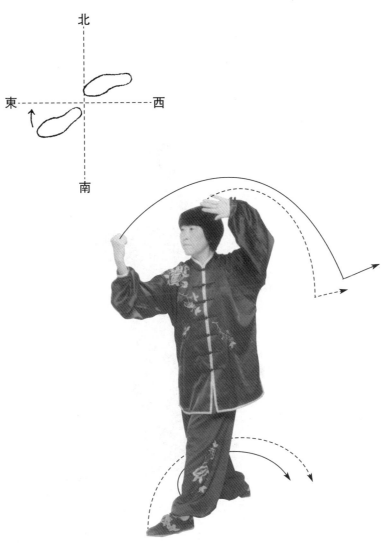

②左腳向斜前上步，右腳跟步成三體式，同時左
手畫弧由下向上架於頭前，右手屈肘向前打出，拳心
朝內與眼眉齊平，目視前方。

形意太極拳分解教學（88式）

169

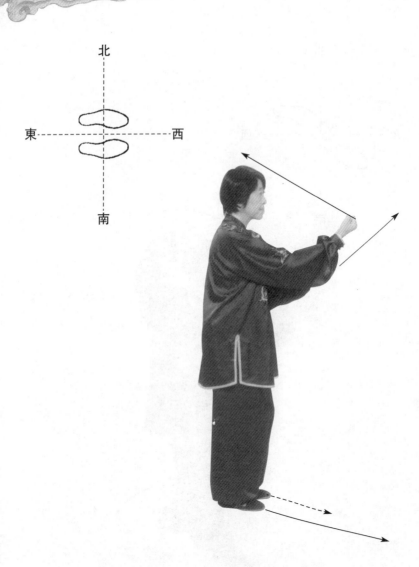

北

東 西

南

③活步扣左腳向右後轉，收右腳點地在左腳內
側，同時雙手畫弧，左手握拳收於胸前，右手握拳與
眼眉齊高，目視前方。

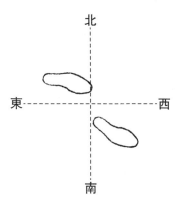

④右腳向斜前上步，左腳跟半步成三體式，身體從左向右轉，左手屈肘向前打出與眉齊平，拳心向裏，右手變掌架於頭前上方，目視前方。

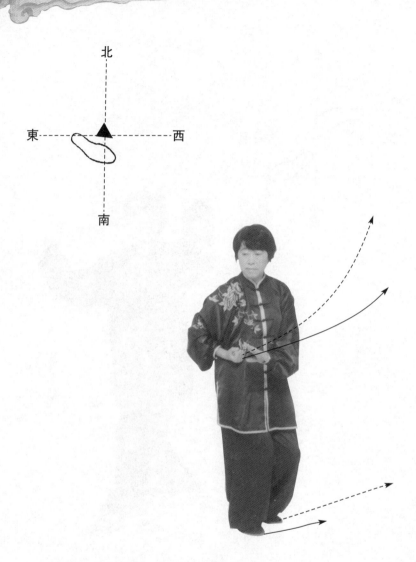

北

東　　　　　　西

南

⑤重心前移，收左腳在右腳內側，虛點地面，左
手變掌下落於右腋下方，右手回收於腰間，拳心向
上，目視前方。

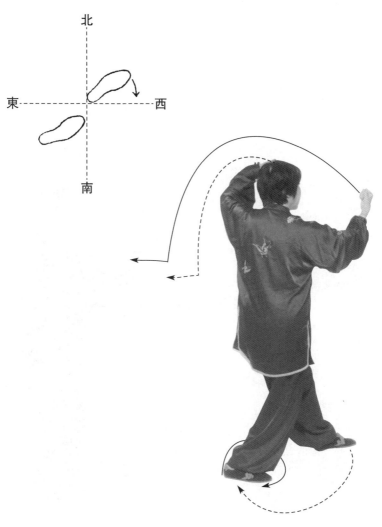

⑥左腳向斜方上步，右腳跟步成三體式，同時左手畫弧向下向上架於頭前，右手屈肘向前打出，拳心向裏與鼻尖齊平，目視前方。

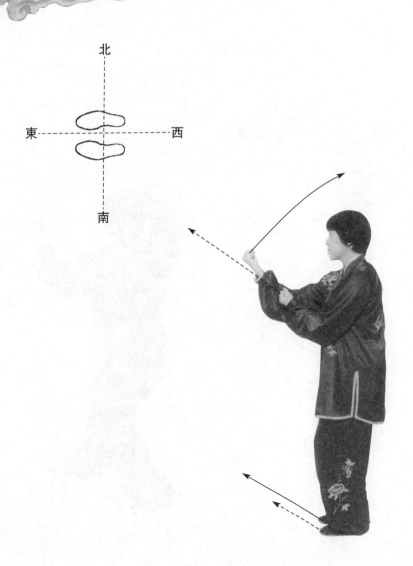

北

東 — 西

南

⑦活步扣左腳向右後轉，收右腳虛點地面，同時
雙手畫弧握拳，左手於胸前拳心朝上附於右臂內側，
右拳向前打出與眼眉齊高，拳心斜向上，目視前方。

形意太極拳分解教學（88式）

174

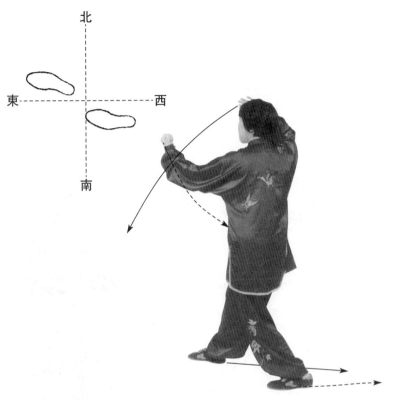

⑧右腳向右斜方上步，左腳跟步成三體式，同時右拳變掌畫弧架於頭前方，左拳屈肘向前打出，拳心向裏與眼眉齊平，目視前方。

【攻防】設對方出右拳，我方左臂格擋，右拳打對方下頜，同時後方攻擊時我方上步迅速轉身兩手向兩側分力下裏，而後出拳打對方胸部，左拳打其下頜，右手變掌格擋。

56.攬雀尾

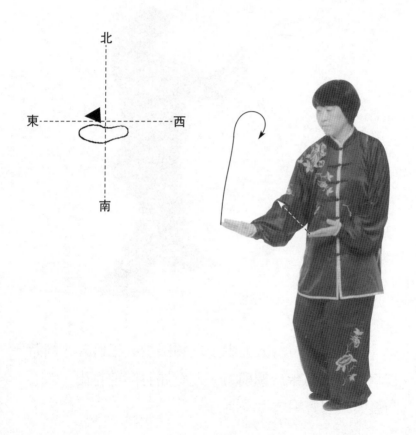

①左腳後撤半步，右腳收回，腳尖虛點地面，上體左轉，右手外旋向左下捋，左手上提附於右小臂內側，眼隨右手。

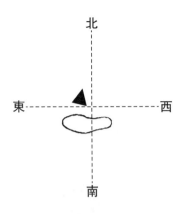

北

東 —— 西

南

②腰微右轉，右手手心向上內旋屈肘，掌心向前，左手內旋附於右臂內側隨身體轉動，目視右手。

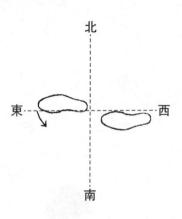

北

東　　　　　西

南

③右腳向斜前方上步，左腳跟半步成三體式，同時右手向前推出，目視前方。

【攻防】與「3.攬雀尾」相同。

57. 單　鞭

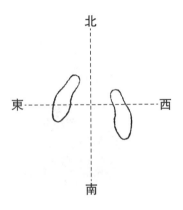

北

東

西

南

形意太極拳分解教學（88式）

①扣右腳碾左腳，轉體 180°，右手向前畫弧至腹前，掌心向上，左手抱於胸前，掌心向下，雙手合抱，重心在左腳，目視前方。

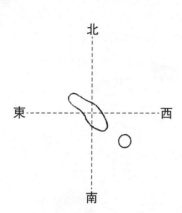

②抬右腳，右手上抬，掌心向上至左手上方穿出，
目視前方。

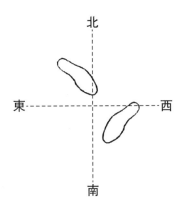

北

東 ---- 西

南

③右腳蓋落步，重心前移，左手外旋，掌心向
上，目視前方。

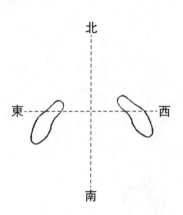

北

東 西

南

④左腳向左旁上步，雙手分開，目視前方。

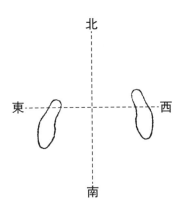

北

東 ---- 西

南

⑤兩臂內旋，重心左移成左橫步，雙臂向左右分開，目視前方。

【攻防】與「4.單鞭」相同。

58.雲 手

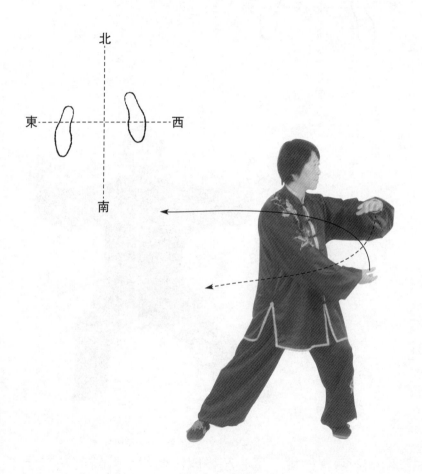

①右手向下畫弧經腹前向左畫弧至腋下，目視左方。

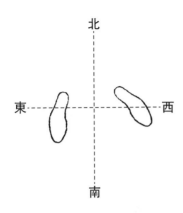

北

東 西

南

②重心右移，右手內旋畫弧，掌心朝下，上體右
轉，左手下落畫弧，掌心朝上，經腹前與右手合抱，目
視雙手。

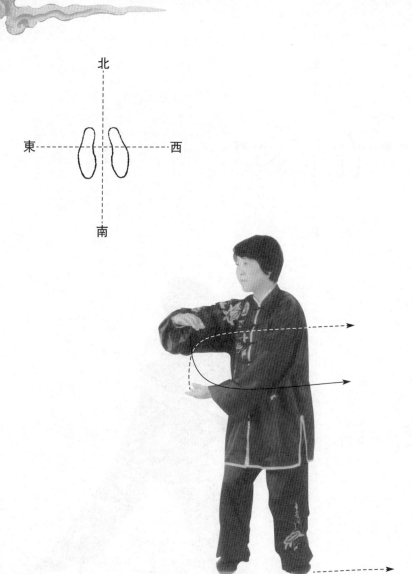

③收左腳，與右腳平行分開20公分。

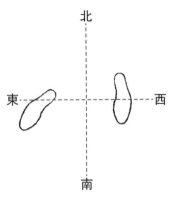

北

東 ——————— 西

南

④撤左腳，重心左移，同時左手內旋畫弧至胸前，
上體左轉，同時右手下落畫弧經腹前與左手合抱，目視
前方。

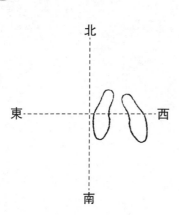

北

東

西

南

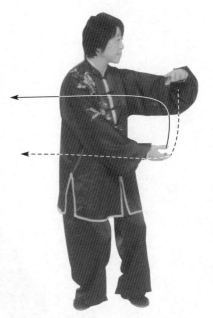

⑤收右腳，重心左移，雙腳離開20公分，目視前方。

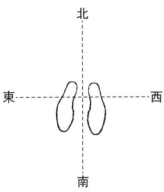

北

東 --------- 西

南

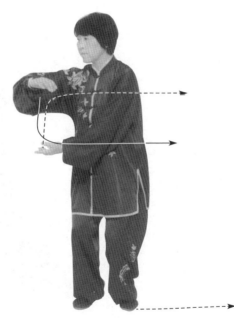

⑥上體右轉，重心移至右腳，右手內旋畫弧經胸
前，左手下落畫弧經腹前與右手合抱。右手掌心向下，
向右平視。

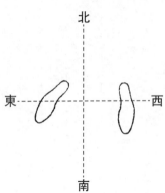

北

東 　 西

南

⑦撤左腳，重心左移，同時左手內旋畫弧經胸
前，上體左轉，右手下落畫弧經腹前與左手合抱，目
視左方。

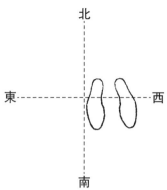

北

東 - - - - - - - - - - - - - 西

南

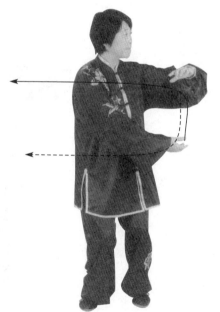

⑧收右腳，重心左移，兩腳分開20公分，目視左方。

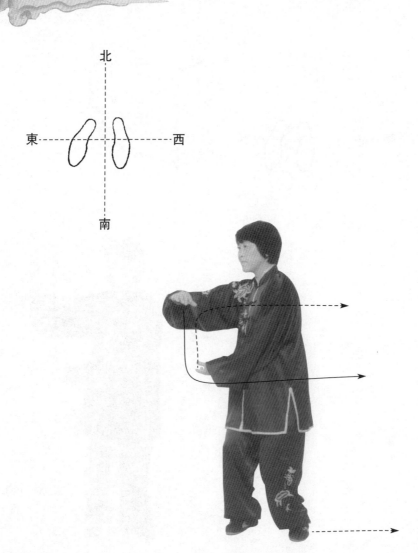

北

東 ------ 西

南

⑨上體右轉，重心移至右腳，同時右手內旋畫弧
至胸前，掌心向下，左手下落畫弧經腹前與右手合
抱，目視右方。

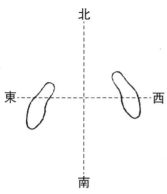

北

東 —— 西

南

⑩撤左腳，重心左移，同時左手內旋畫弧至胸前，上體左轉，右手下落畫弧至腹前與左手合抱，目視前方。

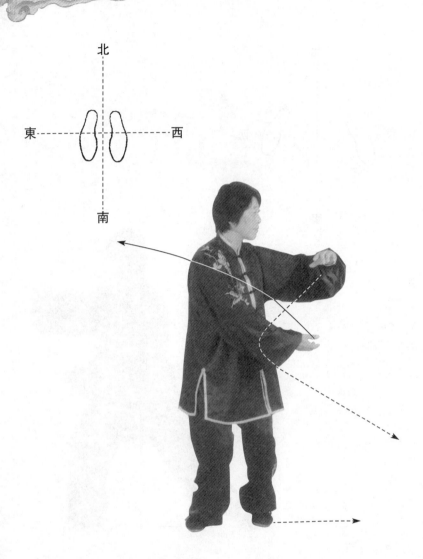

⑪收右腳，重心左移與右腳平行，雙腳分開20公分，目視前方。

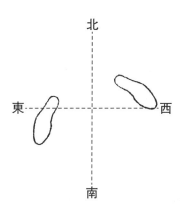

北

東 —————— 西

南

⑫撤左腳，重心後移下蹲成仆步，同時右手內旋
向後畫弧至頭上方，左手向下按至腹前，目視右前
方。

北

東－－－－ 西

南

⑬上體微左轉，同時左手向前穿出挑掌，與眼眉齊高，擺左腳扣右腳，屈膝前弓成左弓步，右手下落，掌心向左，目視前方。

【攻防】與「36.雲手」相同。

59. 左右金雞獨立

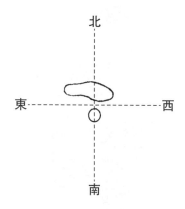

①重心前移，提右膝成獨立，同時右臂向前挑起屈臂立於右腳上方，掌心向左，指尖與鼻尖齊高，左手收回落於左胯旁，掌心向下，指尖向前，目視右手。

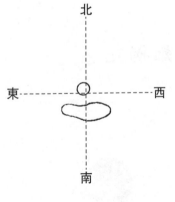

北

東 西

南

②右腿下落離左腳半步，提左腳成左提膝，同時
右手內旋下落於胯旁，掌心向下，指尖向前，左手外
旋向前挑起屈臂立於左腳上方，掌心向右，指尖與鼻
尖同高，目視左手。

【攻防】設對方用左拳打我胸部，我方則以右手
向上托起對方的左肘時，我可用左手托對方的下頜並
提左膝擊對方襠部（左右用意相同）。

60. 左右倒攆肱

①退左腳，重心後移，右腳腳跟外撐成三體式，同時左手內旋，掌心向下收於左腹前，右手內旋變掌於左臂上方穿出，掌指朝前，掌心向前，目視前方。

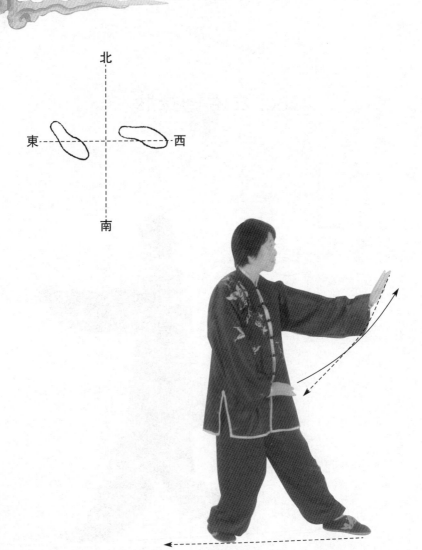

北

東　　　　　西

南

②退右腳，重心後移，左腳腳跟外撐成三體式，同時右手下落於腹前，左手於右臂上方穿出，掌指朝前，掌心向前，目視前方。

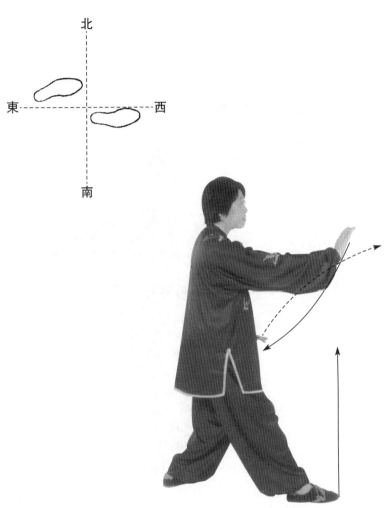

③退左腳，重心後移，右腳腳跟外撐成三體式，同時左手下落於左腹前，右手於左小臂上方穿出，掌指朝上，掌心向前，目視前方。

北

東 —— 西

南

④提右腳，同時左手向前穿出與肩齊高，右手收至右腹前，目視前方。

【攻防】設對方出左拳，我方左手引捋，右手出掌擊打對方胸部（左右用意相同，唯有方向相反）。

61. 懷中抱月

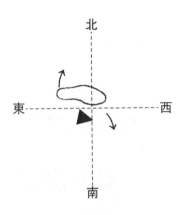

　　右腳下落至左腳內側，虛點地面，同時右手外旋，掌心向上，左手收回於胸前，掌心向下，雙手合抱，目視前方。

【攻防】與「21.懷中抱月」相同。

62. 斜 飛 勢

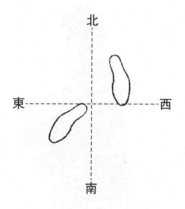

　　雙腳碾腳，身體右轉，右腳向右斜前方上步，左腳跟步成三體式，同時左手下按至腹前，右手上挑至胸前，掌心向左，目視前方。

　　【攻防】與「22.斜飛勢」相同。

63.提手上勢

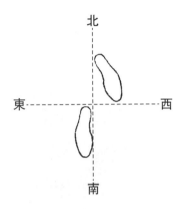

北

東 —————— 西

南

　　①左腳向後撤半步，右腳跟撤半步成三體式，同時右手臂內旋向下畫弧，再外旋至腹前，掌心向上，左手上抬抱至胸前，兩手掌相合，目視雙手。

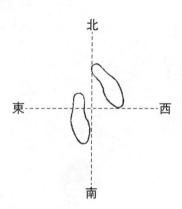

②右腳向前上半步，左腳跟半步成三體式，同時雙手向前送出，目視前方。

【攻防】與「23.提手上勢」相同。

64. 白鶴亮翅

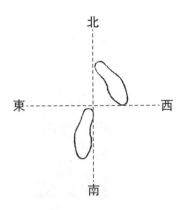

北

東 — — — 西

南

①左腳向後撤半步，右腳也向後撤半步，同時上體微左轉，右手臂內旋收至左腹前，目隨右手。

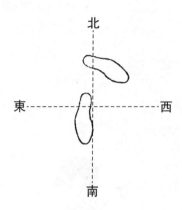

北

東 ---- 西

南

②右腳向前上半步，同時右手向上提起反臂向前
劈出，與眉齊高，左手收至右肘下，掌心朝下，目視
前方。

【攻防】與「6.白鶴亮翅」相同。

65.青龍探爪

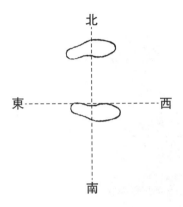

①右腳內扣，重心在左腳，同時右臂內旋雙手托架於頭前上方，目視前方。

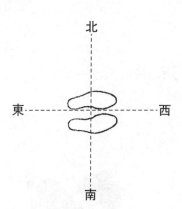

北

東 --- 西

南

②重心右移，收左腳併步，雙手畫弧，右拳左掌
相合收於腹前，目視前方。

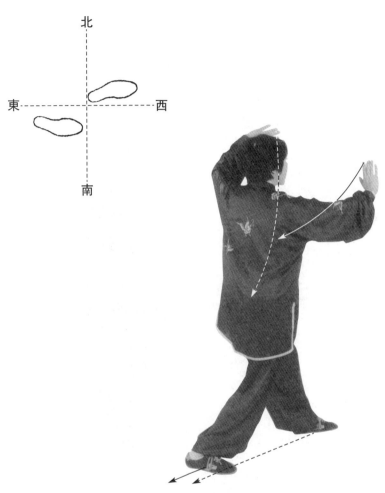

北

東 — — — 西

南

③左腳向左斜前上步，右腳跟半步成三體式，同時左手內旋架於頭上方，右手內旋向斜前方推出，高於鼻尖，掌心向外，目視前方。

【攻防】與「7.青龍探爪」相同。

形意太極拳分解教學（88式）

66.懷中抱月

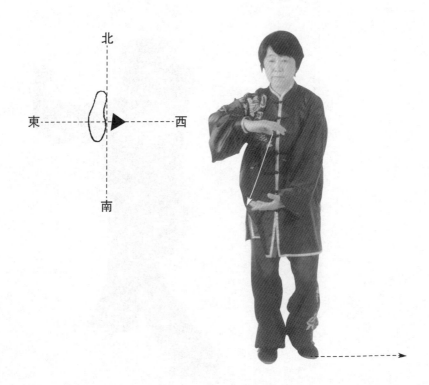

　　右腳向斜後撤半步，身體微右轉，左腳向後撤一步，於右腳內側虛點地面，同時右手旋腕回收於胸前，掌心向下，左手臂外旋，向下畫弧至腹前與右手合抱，目視雙手。

　　【攻防】與「8.懷中抱月」相同。

形意太極拳分解教學（88式）

67. 摟膝拗步

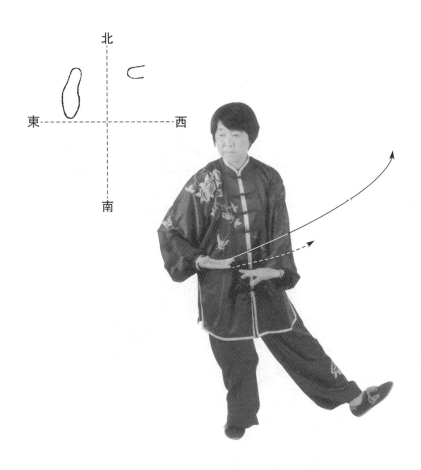

①左腳向前方邁步，右手外旋下落於腰旁，左手內旋於右胯旁，目視右前方。

形意太極拳分解教學（88式）

②重心前移，微左轉成左弓步，左手畫弧於左胯旁，右手向前穿出與眉齊平，目視前方。

【攻防】與「9.摟膝拗步」相同。

68. 海底針

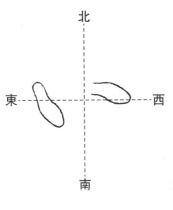

北

東 ─────── 西

南

①右腳上半步，重心後移，身體微右轉，左腳微收，腳尖點地，同時右手內旋握拳畫弧收至右胯旁，拳心向上，左手向前畫弧於腹前。

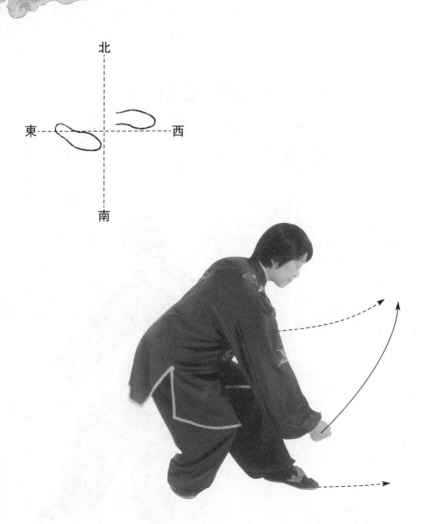

②上體微左轉，右手向上，臂內旋向斜下打出，同時左手畫弧至胯旁，目視右拳，拳眼向上，目視右拳前方。

【攻防】與「28.海底針」相同。

69.閃通臂

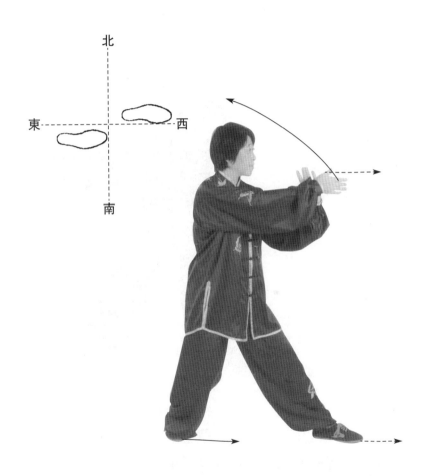

①左腳提起向左前方上步，同時右手變掌由下向上挑掌約與肩同高，掌心向左，指尖向前，左手提起附於右臂內側，掌心向右，手指向上，目視右手。

北

東------ 西

南

②左腳向前上步，右腳跟步成三體式，左手向前推出，右手臂內旋收回架於右額前方，同時發力，目視前方。

【攻防】與「29.閃通臂」相同。

70. 回身熊撑

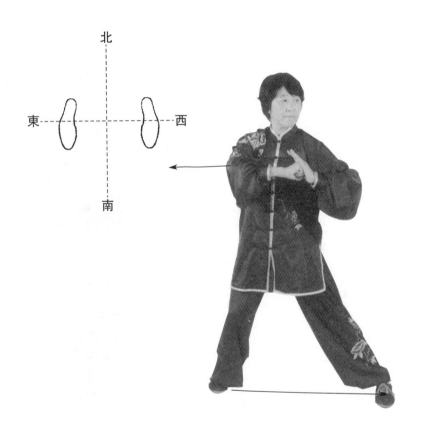

①扣左腳，重心移至右腳，同時右手下落握拳於胸前，左手立掌收於左肩前，目視左側。

形意太極拳分解教學（88式）

219

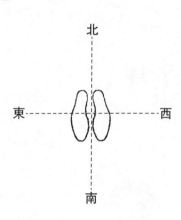

北

東 － － － 西

南

②收右腳，頂右肘，同時發力，目視右前方。

【攻防】與「30.回身熊撐」相同。

71. 進步搬攔捶

①右腳上步，右拳向前劈出，左手握拳，拳心向下，落於腹前，目視右拳。

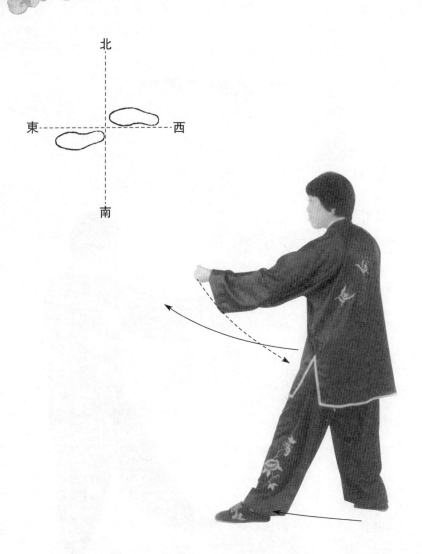

②重心前移，左腳上步，同時右手內旋收至腹前，
左手臂外旋向前伸出，目視前方。

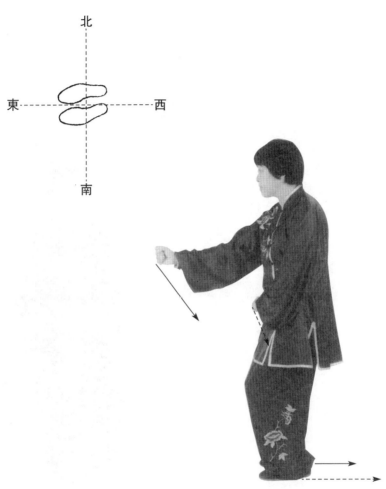

北

東 —— 西

南

③重心前移，右腳向左腳內側下落振腳，同時左
手內旋收至腹前，右手外旋向前打出至腹前，目視前
方。

【攻防】與「31.退步搬攔捶」相同。

72.鐵門栓

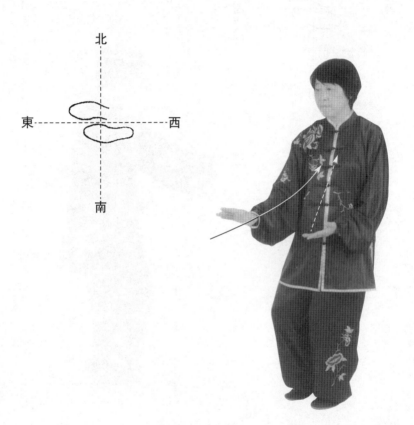

①撤左腳，收右腳至左腳內側，虛點地面，同時雙手向斜下捋，目視右手。

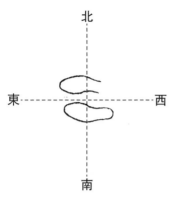

②握拳，拳心向下收至胸前，左手附於右手腕處，目視前方。

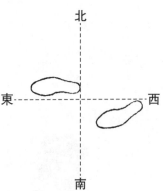

北

東 西

南

　③右腳向前上半步，同時左腳跟步成三體式，雙手同時向前撐出發力，目視前方。

　【攻防】與「33.鐵門栓」相同。

73. 攬雀尾

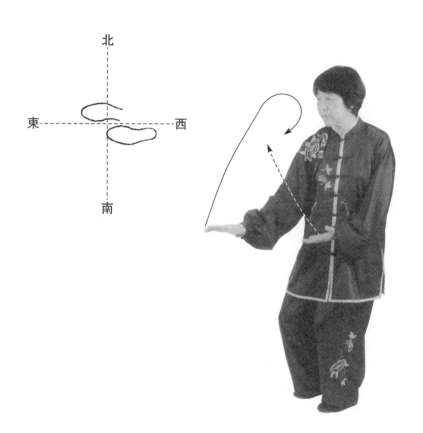

　　①收右腳至左腳內側，虛點地面，上體微左轉，右手向左捋。

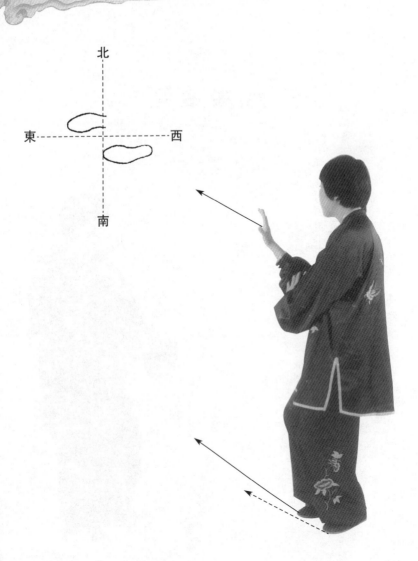

形意太極拳分解教學（88式）

②身體再右轉，右手臂外旋再內旋，屈肘，掌心
向前，左手內旋附於右臂內側，目視前方。

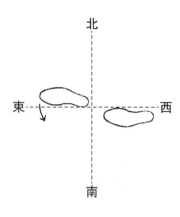

北

東 西

南

　　③右腳向斜前上步，左腳跟步成三體式，同時右手向右斜方推出，目視前方。

　　【攻防】與「3.攬雀尾」相同。

74. 單　鞭

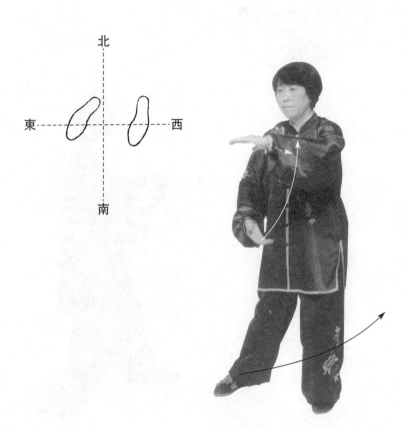

北

東 — — — — — — 西

南

①扣右腳，身體左轉至正前方，重心在左腳，右
手畫弧至腹前，掌心向上，左手向上抬至胸前高度，
目視前方。

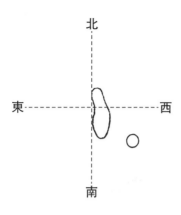

北

東 ----------- 西

南

②抬右腳同時右手上抬，掌心向上穿出至左手上，
目視前方。

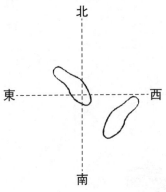

北

東 - - - - - - 西

南

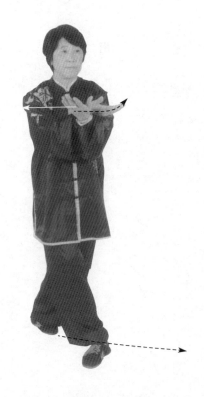

　　③右腳蓋落步，重心前移，左手外旋，掌心向上，目視前方。

北

東 ---- 西

南

④左腳向左旁上一步，雙手分開，向前平視。

形意太極拳分解教學（88式）

233

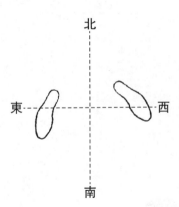

北

東　　　西

南

⑤兩臂內旋，重心左移成左橫擋步，同時雙臂內
旋，左右分開，高與肩平，目視右方。

【攻防】與「4.單鞭」相同。

形意太極拳分解教學（88式）

75. 雲 手

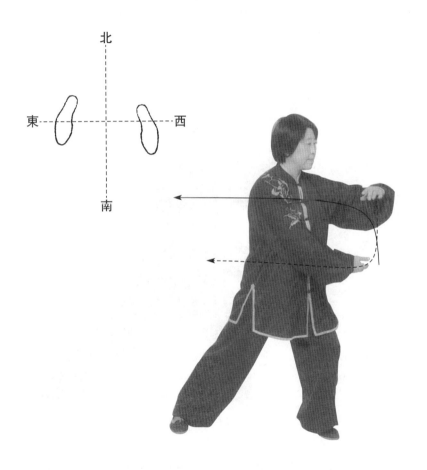

①右手向下畫弧經腹前向左畫弧至腋下，目視左方。

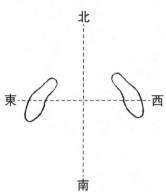

北

東 西

南

②重心右移，右手內旋畫弧，掌心朝下，上體右轉，左手下落畫弧，掌心朝上經腹前與右手合抱，目視雙手。

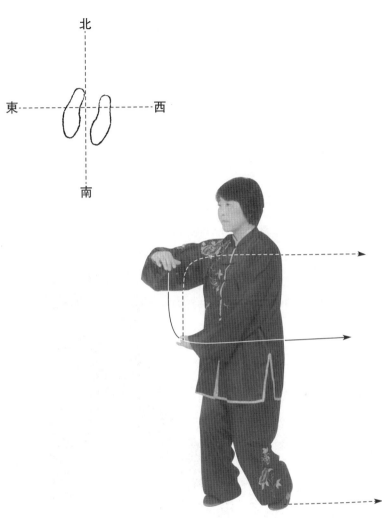

③收左腳與右腳平行分開約20公分，目視前方。

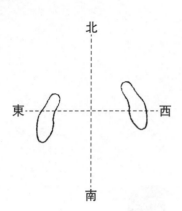

北

東 西

南

④撤左腳，重心左移同時左手內旋畫弧至胸前，
上體左轉，同時右手下落畫弧經腹前掌心向上與左手
合抱，目視前方。

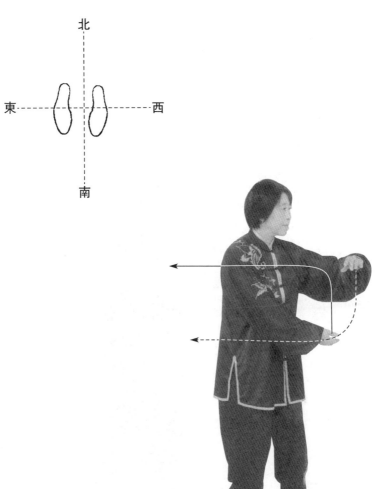

⑤收右腳，重心左移，雙腳離開20公分，目視前方。

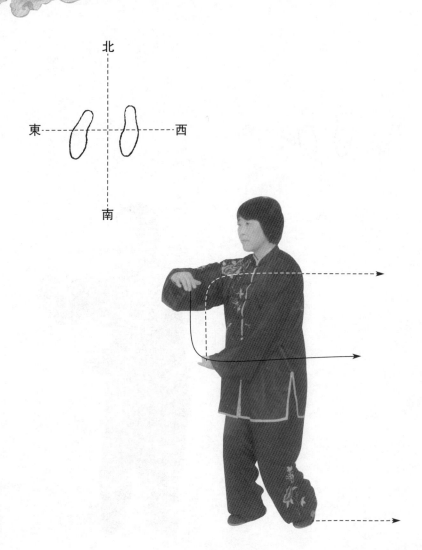

北

東 —— 西

南

⑥上體右轉，重心移至右腳，左手下落畫弧經腹
前與右手合抱，向右平視。

北

東 西

南

⑦撤左腳，重心左移，同時左手內旋畫弧經胸前
上體左轉，右手下落畫弧經腹前與左手合抱，目視左
方。

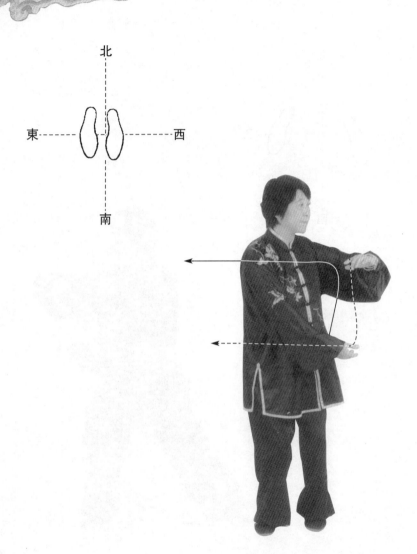

北

東 - - - - - - - - - - - - 西

南

⑧收右腳，重心左移，雙腳離開20公分，目視左方。

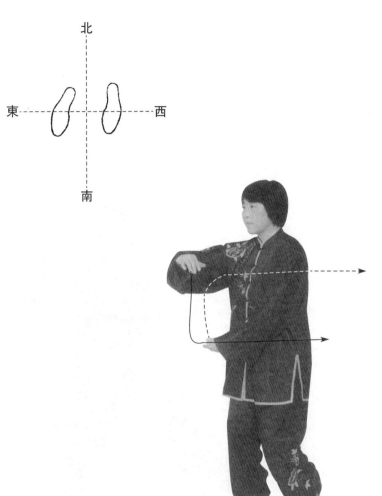

北

東 — — — — — — — 西

南

⑨上體右轉，重心移至右腳，同時右手內旋畫弧
至胸前掌心向下，左手下落畫弧經腹前與右手合抱，
目視右方。

形意太極拳分解教學（88式）

243

北

東　　　　　　西

南

　　⑩撤左腳，重心左移，同時左手內旋畫弧至胸前，
上體左轉，右手下落畫弧至腹前與左手合抱，目視前
方。

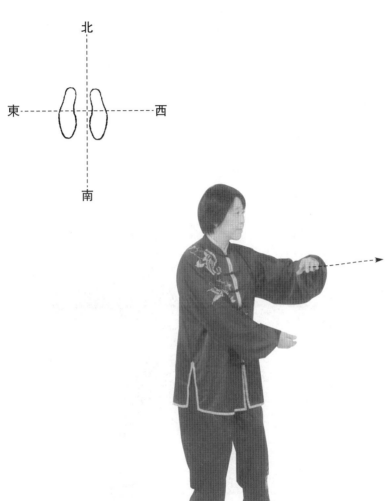

　　⑪收右腳，重心左移，與右腳平行，雙腳分開20
公分，目視前方。

　　【攻防】與「36.雲手」相同。

76. 高探馬

①撤右步，同時左手向前蓋掌，掌心向上，右手
收至腹前,目視前方。

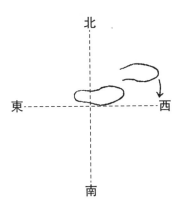

北

東 —————————————— 西

南

②重心後移，收左步虛點地面成虛步，同時右手內旋向前橫推（可發力），與肩同高，左手橫掌收至腹前，掌心向上，目視前方。

【攻防】與「37.高探馬」相同。

77.十字擺蓮

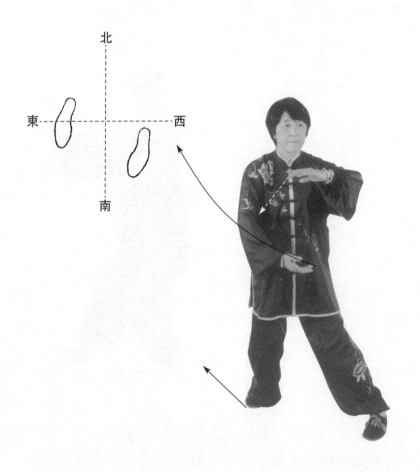

　①活步扣左腳，身體右轉，同時右手內旋畫弧經腹前，左手向上畫弧至胸前與右手相抱，目視雙手。

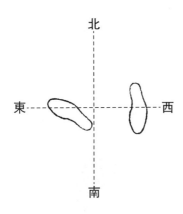

②右腳外擺上步，右手向上經左手臂上穿出，掌心向外與肩同高，左手下落於右肘前，目視右手。

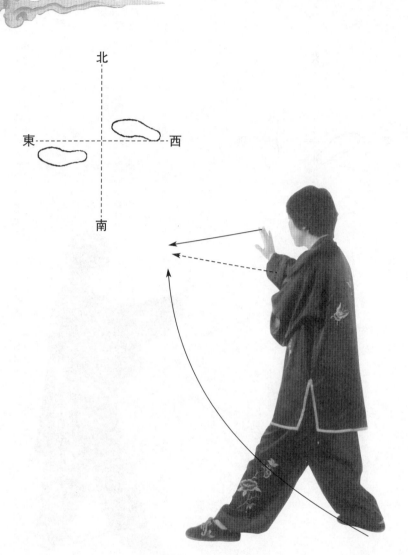

北

東 ----- 西

南

③上左腳，重心前移。

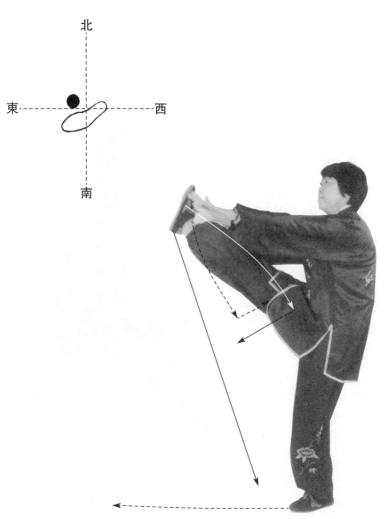

④抬右腳，向右擺雙手，由右向左擊拍腳面，目
視雙腳。

【攻防】擊打對方面部。

78.上步指襠捶

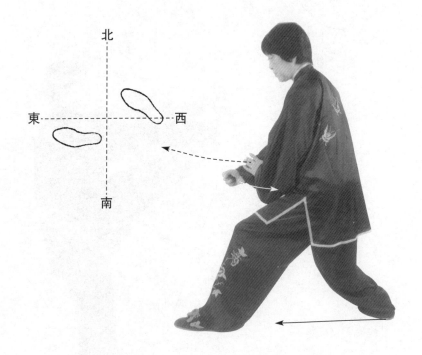

　　右腳向斜前落步，重心前移，左腳上步成半馬步，同時右手回收至腰間向前打出，拳眼向上，左掌下落附於右臂內側，眼向前平視。

　　【攻防】設對方以右崩拳擊打我方的頭部，我方則先以左手封住其臂向右引捋，而後再向下向左滾臂格其右臂，同時用右拳擊打對方襠部。

79. 一馬三箭

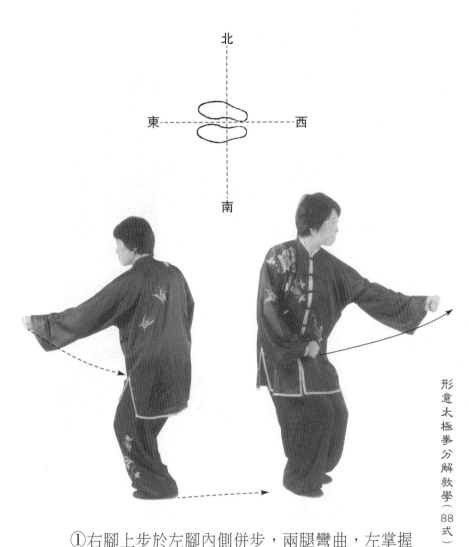

北

東 ─────────── 西

南

形意太極拳分解教學（88式）

①右腳上步於左腳內側併步，兩腿彎曲，左掌握拳向前打出，右拳收回至腹前，向前平視。

東 － － － － － － － － － － 西

南

②左腳向後撤一步成三體式，同時左拳收至腹
前，右拳向前打出，高於腰平，目視前方。

北

東 ---- 西

南

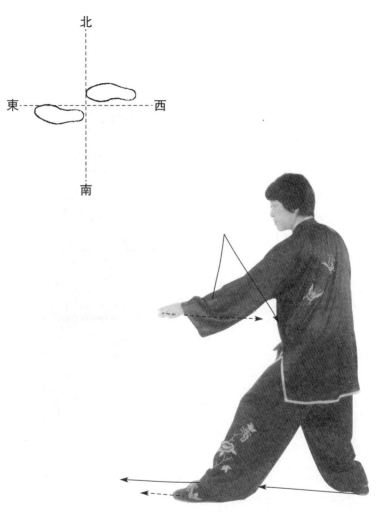

　③左腳向前上一步成三體式，左拳變掌，向前推出，虎口朝前，右拳變掌臂內旋收於襠前，掌心向下，虎口朝前，目視前方。

北

東 — 西

南

④右腳向前提至左腳內側向前落步，左腳跟步成
三體式，右掌變拳，臂內旋向前下砸拳，拳眼向上，
左手收回至右臂內側肘旁，目視前方。

【攻防】設對方右拳向我進攻，我方出左拳格擋
挫壓其右前臂，右拳擊打對方腹部。隨後連續進攻擊
打對方。

80. 攬雀尾

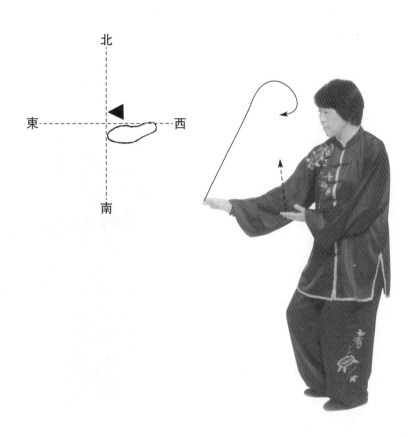

①收右腳至左腳旁，腳尖虛點地面，上體向左轉，右手外旋下捋。

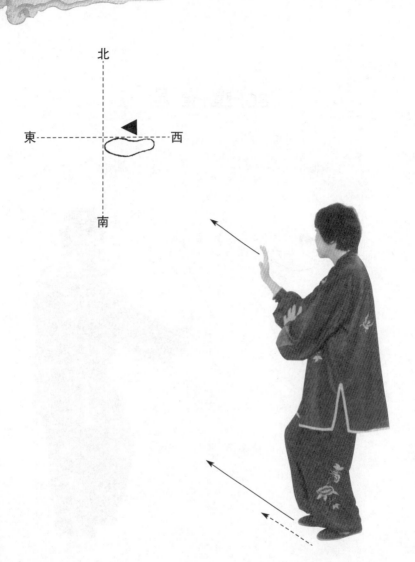

北

東 西

南

②腰微右轉，左手上提，附於右臂內側，眼隨手走，右手臂外旋再內旋屈肘掌心向前，左手內旋附於右肘處，目視前方。

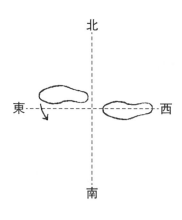

北

東 ←‑‑‑‑‑‑‑‑‑ 西

南

③右腳向右斜前上步，左腳跟步成三體式，同時右手向右斜前方推出，目視前方。

【攻防】與「3.攬雀尾」相同。

81. 單 鞭

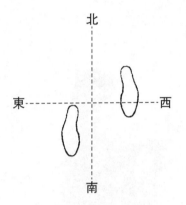

①扣右腳，碾左腳，身體左轉至正前方，重心在
左腳，右手向下畫弧至腹前，掌心向上，左手上抬至
胸前，掌心向下與右手合抱，目視前方。

形意太極拳分解教學（88式）

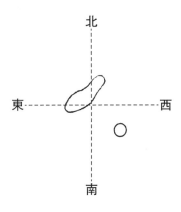

北

東 西

南

②抬右腳，同時右手上抬，掌心向上穿出至左手上，目視前方。

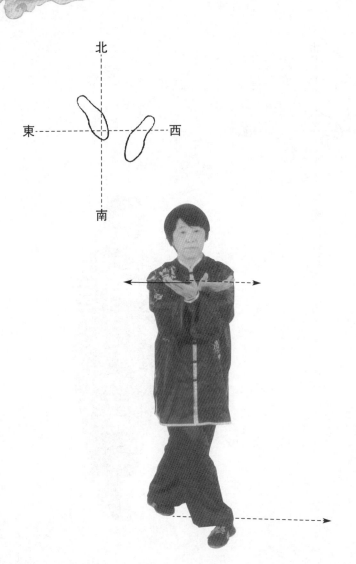

北

東　　　　西

南

③右腳蓋落步於重心前移，左手外旋，掌心向
上，目視前方。

形意太極拳分解教學（88式）

262

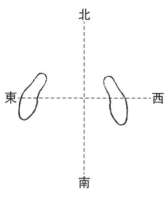

北

東 —— 西

南

④左腳向左旁上一步，重心在右腳，雙手分開，
目視前方。

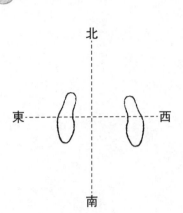

北

東 西

南

⑤重心前移，左腳橫上步，兩臂內旋，重心左移，同時雙臂左右分開，與肩同高，目視右方。

【攻防】與「4.單鞭」相同。

82.上步七星

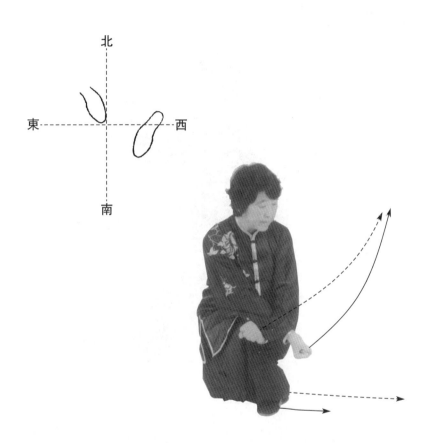

①右腳上抬落步成歇步，同時右手臂外旋握拳至腰間斜向前打出，拳心向上，左手下落，握拳收回腹前，目視右拳。

形意太極拳分解教學（88式）

265

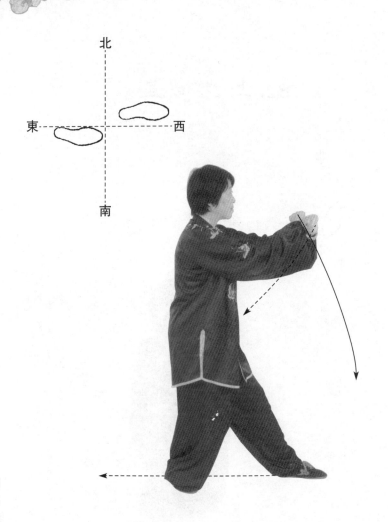

②左腳上一步，右腳跟步，成三體式，左拳外旋
再雙臂內旋向前撐出，拳眼在內與肩同高，目視前
方。

【攻防】設對方打拳，我方架打。

83. 退步跨虎

①左腳向後撤一步成三體式，同時雙拳變掌分掌
收回，右手在腹前，掌指斜朝下，掌心向右，左手收
至左胯旁，掌心向內，掌指斜朝前，目視前方。

形意太極拳分解教學（88式）

北

東　　　　　　　西

南

　　②退右腳成三體式，同時右手臂外旋收至右腰
前，左手向上格出，掌心朝下，虎口朝內，掌跟朝
外，目視前方。

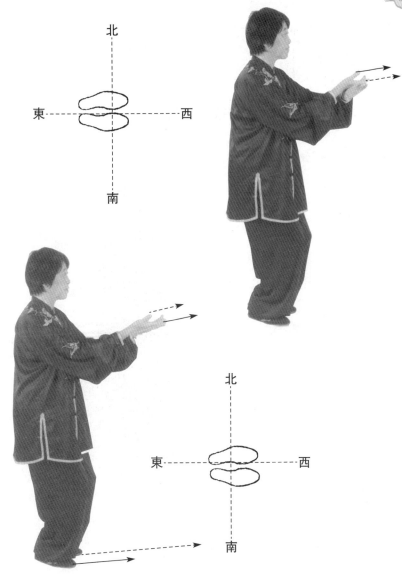

③右腳向左腳內側上步，膝微彎曲，同時右手向上經左臂上方插出，目視前方。

④左臂外旋，分開，目視前方。

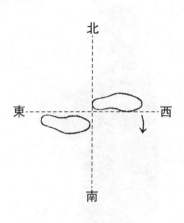

北

東

西

南

⑤左腳上步，右腳跟步成三體式，同時兩臂內旋
向前插出，掌心向下，掌指向前，目視雙掌。

【攻防】設對方右拳攻擊我方，我方以退步格擋
對方，而後上步，雙掌擊打對方胸部。

84. 轉身擺蓮

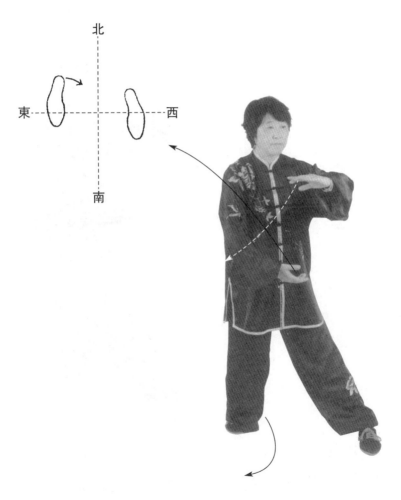

形意太極拳分解教學（88式）

①左腳活步，左手回收至胸前，掌心向下，右手
向下回收至腹前，掌心向上，兩手相合，目視前方。

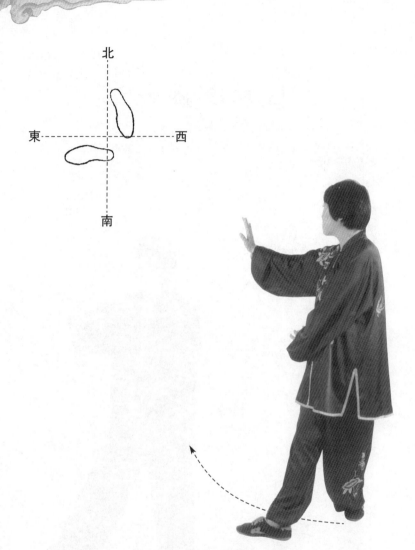

②右腳向右擺腳，身體右轉，同時右手向上臂內旋於左手內穿出，左手下落於右胯旁，目視前方。

③左腳扣上步於右腳前方，重心在中間，目視前方。

④右腳向右擺落步，目視前方。

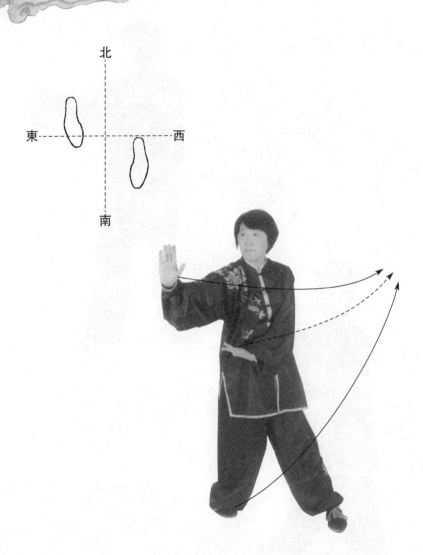

⑤左腳向右腳前落步，身體向右轉，目視前方。

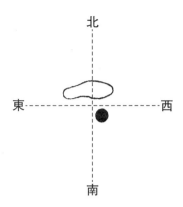

⑥抬右腳向右擺，雙手擊拍腳面，目視雙手。

【攻防】設對方以崩拳擊打我方的胸部時，我方則扣步擺腳，同時右手撥開對方的右拳，然後左手托住其右肩，同時上步找對方的中線，可將其拋出或右腳擺打其面部。

85.彎弓射虎

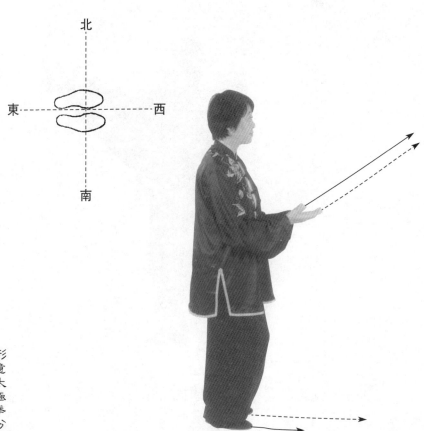

北

東　　　西

南

①右腳下落於左腳內側，膝微彎曲，同時雙掌外旋收於腹前，目視前方。

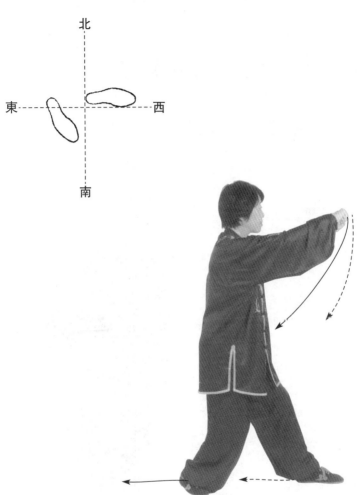

②上左腳，右腳跟半步成三體式，同時雙臂內旋
握拳向前打出，與肩同高，目視前方。

【攻防】兩掌按壓對方打來的拳或掌，而後兩小
臂內旋，拳心向下，一齊向對方頭部或胸前打出。

86.左攬雀尾

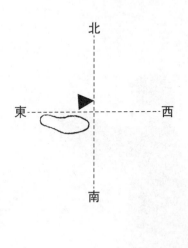

①撤右腳，重心後移，收左腳虛點地面，上體微右轉，同時雙手微外旋向右下捋，右手上提附於左臂內側，眼隨右手。

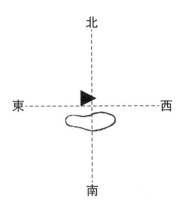

北

東 ---- 西

南

②腰微左轉，掌心向上再內旋屈肘，掌心向前，右手附於左臂內側，目視前方。

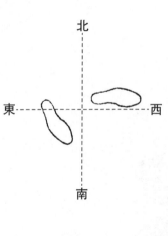

北

東　　　　　　西

南

　③上左步，跟右步，成三體式，左手向斜前推出，目視前方。

　【攻防】與「3.攬雀尾」相同。

87.三才勢

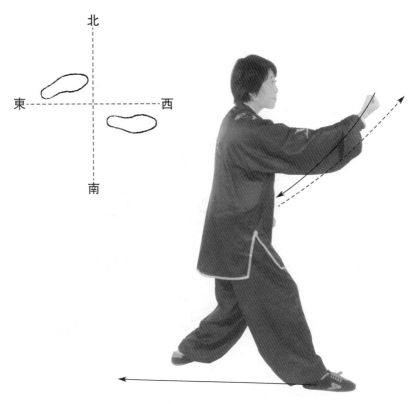

　　①左腳向後撤一步成三體式，同時雙手握拳，左拳收至腹前，右拳臂外旋從左腋下穿出向前打出，目視前方。

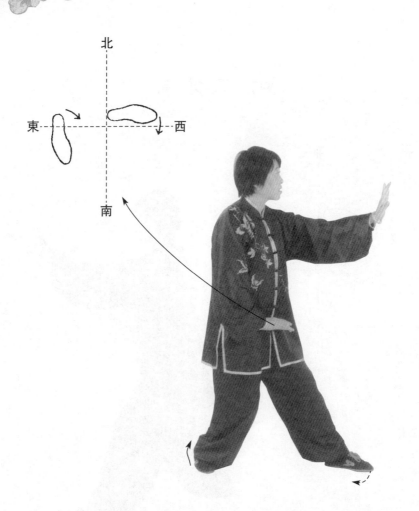

　　②退右腳成三體式，同時左手臂外旋上提於右肘處穿出，掌心向前，掌指向上，右手內旋變掌收於襠前，目視前方。

　　【攻防】與「2.三才勢」相同（攻防意識相同，唯方向相反）。

88. 收 勢

形意太極拳分解教學（88式）

①扣左腳碾右腳，同時右手外旋向下向上畫弧，掌心向上，左手外旋，掌心向上，目視前方。

283

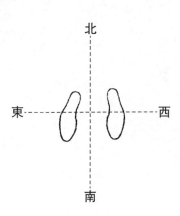

北

東--------西

南

②左腳收半步，與右腳平行，與肩同寬，雙手向
上畫弧至頭上方，下按至腹前，目視前方。

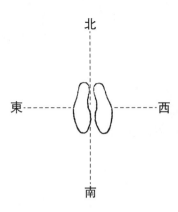

北

東 — — — 西

南

③左腳收回併步，雙手還原於胯兩側，目視前方。

【攻防】設對方用虎形向我方胸部打來，我方用雙手由外向裏裹置於對方的肘處向下蹲按壓。

太極武術教學光碟

太極功夫扇
五十二式太極扇
演示：李德印 等
(2VCD)中國

夕陽美太極功夫扇
五十六式太極扇
演示：李德印 等
(2VCD)中國

陳氏太極拳及其技擊法
演示：馬虹(10VCD)中國
陳氏太極拳勁道釋秘
拆拳講勁
演示：馬虹(8DVD)中國
推手技巧及功力訓練
演示：馬虹(4VCD)中國

陳氏太極拳新架一路
演示：陳正雷(1DVD)中國
陳氏太極拳新架二路
演示：陳正雷(1DVD)中國
陳氏太極拳老架一路
演示：陳正雷(1DVD)中國

陳氏太極拳老架二路
演示：陳正雷(1DVD)中國
陳氏太極推手
演示：陳正雷(1DVD)中國
陳氏太極單刀‧雙刀
演示：陳正雷(1DVD)中國

郭林新氣功
(8DVD)中國

本公司還有其他武術光碟
歡迎來電詢問或至網站查詢
電話：02-28236031
網址：www.dah-jaan.com.tw

原版教學光碟

歡迎至本公司購買書籍

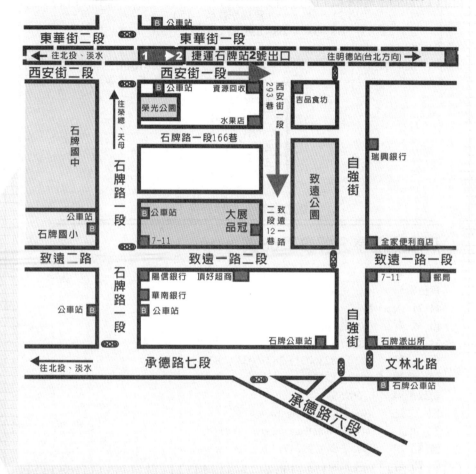

東華街二段　　　　　東華街一段
B 公車站

往北投、淡水　　1 ▶ 2 捷運石牌站2號出口　　往明德站(台北方向)➡

西安街二段　　　西安街一段 ➡

B 公車站　資源回收　西安街一段293巷　吉品食坊

榮光公園　　　水果店

石牌路一段166巷

石牌國中　　往榮總、天母　石牌路一段

致遠公園　　自強街　瑞興銀行

公車站　　B 公車站　大展品冠　致遠一路二段12巷

石牌國小 B　7-11

致遠二路　　致遠一路二段　　致遠一路一段

石牌路一段

陽信銀行　頂好超商　　7-11　郵局

華南銀行

公車站 B　B 公車站　　自強街

石牌公車站　石牌派出所

往北投、淡水　承德路七段　　文林北路

B 石牌公車站

承德路六段

建議路線

1.搭乘捷運・公車

　　淡水線石牌站下車，由石牌捷運站２號出口出站(出站後靠右邊)，沿著捷運高架往台北方向走(往明德站方向)，其街名為西安街，約走100公尺(勿超過紅綠燈)，由西安街一段293巷進來(巷口有一公車站牌，站名為自強街口)，本公司位於致遠公園對面。搭公車者請於石牌站(石牌派出所)下車，走進自強街，遇致遠路口左轉，右手邊第一條巷子即為本社位置。

2.自行開車或騎車

　　由承德路接石牌路，看到陽信銀行右轉，此條即為致遠一路二段，在遇到自強街(紅綠燈)前的巷子(致遠公園)左轉，即可看到本公司招牌。

國家圖書館出版品預行編目資料

形意太極拳分解教學88式／張薇薇　徐淑貞　編寫
——初版，——臺北市，大展，2015〔民104.10〕
面；21公分 ——（輕鬆學武術；15）
ISBN　978－957－468－086－2（平裝；附數位影音光碟）

1.太極拳
528.972　　　　　　　　　　　　　　　104015540

形意太極拳分解教學88式 附DVD

編　　寫／張薇薇　徐淑貞
責任編輯／陳　軍　翟巧燕
發 行 人／蔡森明
出 版 者／大展出版社有限公司
社　　址／台北市北投區（石牌）致遠一路2段12巷1號
電　　話／（02）28236031・28236033・28233123
傳　　眞／（02）28272069
郵政劃撥／01669551
網　　址／www.dah-jaan.com.tw
E - mail ／ service@dah-jaan.com.tw
登 記 證／局版臺業字第2171號
承 印 者／傳興印刷有限公司
裝　　訂／眾友企業公司
排 版 者／弘益電腦排版有限公司
授 權 者／安徽科學技術出版社
初版1刷／2015年（民104年）10月
定　價／380元

●本書若有破損、缺頁請寄回本社更換●

大展好書　好書大展
品嘗好書　冠群可期